课程育人新坐标丛书　　高峰　杨四耕　丛书主编

让每一个孩子
体验创新的激情

"智慧树课程"的探索与实践

徐建梅◎主编

华东师范大学出版社

·上海·

图书在版编目(CIP)数据

让每一个孩子体验创新的激情:"智慧树课程"的探索与
实践/徐建梅主编.—上海:华东师范大学出版社,2023
(课程育人新坐标丛书)
ISBN 978-7-5760-3920-7

Ⅰ.①让… Ⅱ.①徐… Ⅲ.①小学—课程建设—研究
Ⅳ.①G622.3

中国国家版本馆 CIP 数据核字(2023)第 137045 号

课程育人新坐标丛书

让每一个孩子体验创新的激情:"智慧树课程"的探索与实践

丛书主编 高　峰　杨四耕
主　　编 徐建梅
责任编辑 刘　佳
项目编辑 林青荻
特约审读 王叶梅
责任校对 余林晓　时东明
装帧设计 卢晓红

出版发行 华东师范大学出版社
社　　址 上海市中山北路 3663 号　邮编 200062
网　　址 www.ecnupress.com.cn
电　　话 021-60821666　行政传真 021-62572105
客服电话 021-62865537　门市(邮购)电话 021-62869887
地　　址 上海市中山北路 3663 号华东师范大学校内先锋路口
网　　店 http://hdsdcbs.tmall.com

印 刷 者 上海华顿书刊印刷有限公司
开　　本 787 毫米×1092 毫米　1/16
印　　张 14.75
字　　数 152 千字
版　　次 2023 年 9 月第 1 版
印　　次 2023 年 9 月第 1 次
书　　号 ISBN 978-7-5760-3920-7
定　　价 48.00 元

出 版 人　王　焰

(如发现本版图书有印订质量问题,请寄回本社客服中心调换或电话 021-62865537 联系)

丛书总序

　　课程是生成性过程,课程变革需要激活包括教师和学生在内的课程实践过程,回归课程的生成性品格。课程的生成性品格客观上要求我们关注课程管理的生成性过程,彰显课程管理的过程性、境遇性、关系性和创造性。课程育人是不断生成的过程,它聚于目标、起于问题、成于制度、归于文化。

　　美国管理学大师彼得·德鲁克在《管理的实践》一书中指出:我们并不是有了工作才有目标,而是相反,有了目标才能确定每个人的工作。[①] 他提醒我们:组织一定要当心"活动陷阱",不能只顾拉车不抬头看路,最终忘了自己的目标。泰勒指出:课程研制必须关注确定基本目标、选择学习经验、组织学习经验和评价学习结果等连续循环的过程。[②] 按照怀特海的观点:过程是终极范畴,现实存在的"存在"是由其"生成"所构成的。[③] 因此,目标是生成的,具有过程属性。我们必须用生成性过程观看待泰勒的课程研制原理,深刻理解"目标——内容——经验——评价"这个"合生"过程,而不是原子化地将它们作机械割裂的理解。事实也应该如此,过程是有目标的过程,课程开发不是漫无目的的"撒野",育人目标是内生于课程之中的,课程是基于育人目标导引的连续生成过程。

　　在课程变革过程中,学校课程管理要按照全面发展的要求,确立育人目标,基于此目标建构课程,推进立德树人根本任务的实现。可现实情况是,我们很多学

---

① 邱国栋,王涛. 重新审视德鲁克的目标管理——一个后现代视角[J]. 学术月刊,2013,45(10):20—28.

② (美)拉尔夫·泰勒. 课程与教学的基本原理[M]. 施良方,译. 北京:人民教育出版社,1994:2.

③ (英)怀特海. 过程与实在:宇宙论研究(修订版)[M]. 杨富斌,译. 北京:中国人民大学出版社,2013:29.

校"有课程内容,无育人目标;有育人目标,无课程目标;有课程目标,无目标管理",由此造成了"课程离心化"倾向。在这些学校,课程不是为了育人,而是为了育分;不是为了育完整的人,而是为了育单向度的人。当然,这在本质上也取消了目标——人因此悄悄地消失了。

课程的价值实现要以人的发展为旨归,基于过程哲学的目标管理是在学校内部建立"过程——目标"合生体系,进而把所有人有机联系起来,使集体力量得以最佳发挥。学校课程变革应基于理性精神之诉求,按照过程哲学指引下的目标管理要求,围绕育人目标的实现来推进课程育人过程。首先,确定学校育人目标。育人目标的确立必须依据全面发展的要求,结合学校课程理念,清晰地刻画育人图像。清晰刻画育人图像应符合全面发展的意涵与要求,五育融合,切合实际,与学生的心理年龄和发展阶段相适应,表述应通俗易懂、生动形象。其次,厘定学校课程目标。学校课程目标是育人目标的年段要求和具体表现,它可以对照国家课程方案的总体要求,并与学校的特定实际有机结合。最后,建构学校课程体系。基于课程目标,建构学校课程体系:横向上,要求对学校课程进行逻辑梳理与分类,搭建学校课程框架;纵向上,要求按照年级与学期时间序列匹配课程,形成支持目标实现的课程设置。可以说,学校课程体系的建构是目标导引的理性精神照耀学校课程变革的过程,体现了育人目标同课程目标的完美结合,展现了把课程作为"跑道"和作为"奔跑"过程的有机结合。因为,"从关系和时间视域看,过程标志着现实存在之间的本质联系,标志着现实发生从过去经过现在流向未来"①。

由此观之,课程育人是充满人文情怀的目标驱动过程。学校应倡导团队成员通过他们自己的语言以及社会互动来形成并宣传有关育人目标和课程目标的独特界定,用这样的独特界定来驱动学校课程管理,进而确证育人目标在课程内容的丰富和课程实施的活性上得到落实。如此,在课程建设过程中,目标管理可以使组织成员对自己的"育人身份"产生特殊的认同感,而这种认同感可以由他的专业眼光来定位,并在课程开发中形成育人的敏感性、共识性和自觉性。

不同的时代,有不同的育人主题;不同的学校,有不同的育人取向。此时代的

---

① 杨富斌,等.怀特海过程哲学研究[M].北京:中国人民大学出版社,2018:253.

课程育人表现出有别于其他时代的鲜明特征,具有人本化育人、系统化育人和特色化育人等特点。学校课程深度变革必须回归教育初心,落实立德树人根本任务。对中小学来说,课程改革必须全面理解课程改革的国家意志、提升课程自觉,创造性地提出课程育人的新理念、新思路和新方法,为学校课程治理现代化贡献力量。

"课程育人新坐标丛书"是郑州市管城回族区推进"品质课程"项目的成果。全区20所学校围绕课程品质提升,在学校课程变革方面积极探索,取得了可喜的成效。他们的实践证明:课程育人是一种理念,必须推进学校教育哲学的同步变革;课程育人是一种机制,必须重构学校课程系统的结构和功能;课程育人是一种行动,必须在文化建设、课程设计、路径激活和管理更新上下功夫。课程育人是回归教育初心的行动路径和实践方略,是课程的工具属性与价值属性的统一,是内容增值和路径创新的统一。

杨四耕

2023 年 2 月 11 日于上海市教育科学研究院

目录

　　语文是一门学习国家通用语言文字运用的综合性、实践性课程，她清丽婉转、诗意盎然、情韵悠长，她纯真美好、寄情抒怀、温文尔雅。她将儿童生命的丰盈和语文的美丽汇聚在一起，让儿童可以站在山巅与日月星辰深情对话，可以潜游水底与江河湖海悄悄晤谈，可以给每一株小草朗诵诗歌，使儿童的精神世界充满激情。"新雅语文"让儿童乐享语文之美的同时，坚定学好语文的信心。

　　数学是人类文化的重要组成部分。儿童每天生活在数学的世界里，与数字、运算、图形、统计等打交道，他们的学习是生动活泼、自觉主动和富有个性的活动过程。我们经常看到孩子们在解决问题时激烈地辩论、安静地思考、虚心地交流、激动地欢呼，不同的思维碰撞出的火花如礼花般绚烂，这时的孩子们徜徉在数学的世界里，感受数学之美，享受数学之乐。

第三章 ｜ **缤纷英语：让儿童推开缤纷世界之窗**　/ 83

多掌握一种语言，就多一种思维方式，多一种看问题的视角和能力。学习英语能让儿童更多地接触这个世界，了解这个世界。"缤纷英语"课程通过构建多种学习语言的途径和丰富的学习资源，在开放、活泼的氛围中激发学习英语的兴趣，提升语言交流的意识与能力，促进思维发展。儿童通过英语学习推开缤纷世界之窗，开启缤纷世界的快乐旅行。

第四章 ｜ **奇妙科学：和儿童一起踏上探秘之旅**　/ 111

爱迪生说："谁丧失了好奇心，谁就丧失了最起码的创造力。"好奇心是儿童的天性，他们的小脑袋里充满了对世界的好奇心和想象力。事实证明，儿童对各种事物的好奇心越强，就越具有探索的眼光。"吸大的气球""越吹越浑的水"……让孩子惊奇地睁大双眼，不可思议地看着发生的一切，当谜团一个个解开，科学探索的欲望就永远扎根在心里。"奇妙科学"为儿童开启了一扇通往奇妙科学世界的大门。

第五章　｜　**悦活体育：让儿童在运动中释放天性**　／143

运动如春风般灵动轻盈，如夏雨般淋漓尽致，如雷电般铿锵有力。足球场上，孩子们挥汗如雨，奋力拼搏，用飞奔的双脚、灵活的身躯、默契的团队合作，共同体验着创新的激情；田径场上，孩子们用坚实的脚步诠释着速度与激情……儿童在运动中理解生命、体验生命、热爱生命，从而使儿童的身体和精神更健康，意志更坚强，心智更健全，团队协作意识更强烈。

第六章　｜　**菁菁音乐：跳动的音符陪伴多彩童年**　／165

音乐，是一种快乐，是一种享受。音乐，像是美丽的蝴蝶在花丛翩翩起舞，像是叮咚的泉水在山间淙淙流淌，那些跳动的音符宛如一些活泼轻盈的精灵，将一串串欢乐洒落在儿童的心窝里。"菁菁音乐"如一把金钥匙打开儿童的智慧之门，如一缕灿烂阳光照亮儿童的心扉，如一泓潺潺溪流洗涤儿童的心灵，让儿童在音乐的世界中快乐成长，让儿童插上音乐的翅膀飞向更广阔的远方。

第七章　｜　创想美术：让儿童搭乘艺术创想的列车　／193

想象推动着人类发现、发明与创造，每个孩子都拥有一个充满诗意和想象的童话世界，他们在这个世界里天马行空。每个儿童都是天生的艺术家，他们喜欢涂涂画画，一支笔、一粒石子或者一段树枝，在纸上、地上、沙滩上都能绘出自己心中的欢乐与忧伤。我们用心呵护着儿童的想象力，把儿童的异想天开视为珍宝，也许今天的一个幻想，就是明天的创造。

创新，向上生长的力量

亚里斯多德有句名言："思维是从疑问和惊奇开始的。"有疑惑，有问题，才能有思考，有创新。在儿童生活与生命的长河中，总会不停地涌现出一朵朵智慧的"浪花"，给这个世界带来希望的波澜，需要老师如摄影师般及时发现、适时捕捉。这一朵朵智慧的"浪花"就是"创新意识"，只要遇到合适的土壤就能开花结果，就能让每一个孩子体验到创新的激情。郑州市管城回族区创新街小学"智慧树课程"就给孩子们提供了这样合适的土壤，一颗颗神奇的种子已经在这里生根发芽，充满了向上生长的力量。

郑州市管城回族区创新街小学创建于 1928 年，地处 3600 年郑州商城遗址旁，有着厚重的文化气息，是著名作家魏巍、奥运冠军董栋、央视节目主持人沙桐的母校。多年来，学校以"创则兴，新则进"为办学理念，旨在立精品意识、办规范学校、新教育理念、育创新人才；以学校、教师、学生的和谐发展为主线，尽心为教师搭建开发课程的平台，努力为学生构建自主成长的空间，让师生体验创新的激情，舒展优雅的姿态。

一、充满希望的课程愿景

我们坚信每个孩子都有巨大的创新潜能，结合校名，确立了"创新教育"的教育哲学。今天，创新教育的气质正在凸显，学校一个本部、两所分校的集团化办学格局赢得了社会广泛赞誉。创新教育擦亮了"创新街小学"的名片，学校成为学生健康成长、教师快速发展、家长尊重信任的摇篮。

"让每一个孩子体验创新的激情"是我校的课程理念，我们认为，教育就是呵护每个孩子的创新意识，让孩子乐享学习和生活。

我们坚信，

每一个孩子都有巨大的创新潜能；

我们坚信，

呵护儿童的澄明之心是教师的价值所在；

我们坚信，

教育就是在儿童心灵深处感悟生命的神奇；

我们坚信，

让每一个孩子真正认识自己是教育最大的创新；

我们坚信，

教育的智慧就是让每一个孩子体验到创新的快乐；

我们坚信，

呵护和培育每一个孩子的创新意识是教育的神圣使命。

课程开发需要智慧、课程实施需要智慧、创新创造需要智慧。鉴于此,学校以"智慧树课程"为课程模式,教师和学生完成课程的过程就是智慧生成的过程。在一个个引人入胜的场景中,孩子们徜徉在五彩缤纷的世界里,学会了学习、探索和发现,激发了创新潜力,启迪了智慧,体会了学习乐趣。

"优雅、智慧、阳光、灵动"是我校的育人目标,具体内涵如下:

——优雅:爱家国,守规则；

——智慧:爱学习,乐探究；

——阳光:爱生活,强体魄；

——灵动:爱实践,懂审美。

基于以上育人目标,我们根据各年级学生的年龄和身心特点,将育人目标进行细化,形成了一——六年级的分年级课程目标(见表1)。

表1 学校课程目标表

	优雅 爱家国 守规则	智慧 爱学习 乐探究	阳光 爱生活 强体魄	灵动 爱实践 懂审美
一年级	初步具有爱祖国、爱父母、爱学校、爱老师、爱同学的意识；初步形成规则意识,遵守活动规则和学校纪律,积	掌握一年级文化课程标准规定的要求；认真学习,能提出自己感兴趣的问题,并与同学进行讨论,有探	能够根据老师指令做出相应的动作,乐于参加各种体育类游戏活动,感受体育运动给自己生活带来的乐	能够做整理书包、擦拭桌子等小事,能够正确使用劳动工具,知道自己的事情自己做,有初步的劳动意识；

	优雅 爱家国　守规则	智慧 爱学习　乐探究	阳光 爱生活　强体魄	灵动 爱实践　懂审美
	极参加集体活动。	究的愿望,基本养成良好的学习习惯。	趣,会玩1—2项体育游戏。能与同学友好相处。	初步产生对艺术的兴趣,在活动中感受美。
二年级	热爱中国共产党、热爱祖国、热爱人民,爱亲敬长、爱集体、爱家乡;知道保护环境、爱惜资源的重要性,养成基本的文明行为习惯。	课堂上能够根据老师提出的问题主动思考、积极发言、不懂就问、认真倾听,并能与他人进行简单的交流,养成良好的学习习惯。	初步掌握简单的体育技术动作,学习正确的动作姿势;会玩1—2项体育类游戏活动,感受运动带来的乐趣。形成自信向上、诚实勇敢、有责任心等良好品质。	有参与班级管理和劳动的意识。在学习中感受美、欣赏美;能够积极参加学校、班级组织的各项艺术活动。
三年级	有主动了解和关心国家大事的意识,具有爱祖国、爱学校等情感;遵守学校、班级的规章制度;能汲取别人的优点和长处,养成友爱宽容、热爱集体的品质。	养成良好的课前预习习惯,在学习和生活中初步具有发现问题、提出问题、解决问题的意识;在过程中能够与同伴合作,互帮互助,一起享受探究学习带来的快乐。	能够掌握简单的体育技术动作,并乐意向他人展示,在学习中和运动中有安全意识,感受运动的快乐;形成不怕困难、积极向上、乐于助人的阳光心态。	养成自己的事情自己做,家里的事情帮着做,班级的事情主动做的良好习惯;能够认识美、感受美、欣赏美;积极参加各种艺术活动,在活动中陶冶审美情趣。
四年级	热爱中国共产党、热爱祖国、热爱人民;能够了解家乡的发展变化和国家大事;遵守学校、班级制定的各项纪律,能够用班规约束自己,为优雅班级贡献自己的力量。	养成良好的学习习惯,能清楚地表达自己的观点和所见所闻;对课本、自然、生活中的问题有探究的兴趣,能独立完成学习任务,能够选用恰当的工具和方法分析。	会做简单的组合动作,乐意向他人展示;初步具有正确的运动姿势;有较好的平衡协调能力;坚持锻炼的习惯,形成健康的生活方式,养成乐观向上、友爱、团结的良好品质。	养成自己的事情自己做的习惯,可以动手做一些简单的食物,栽培植物,体验劳动的快乐;学习过程中能够动手操作。积极主动参加各种艺术活动,在活动中提升对美的认识。
五年级	热爱中国共产党、热爱祖国、热爱家乡;了解并遵守社会规则,懂得不同场合要遵守不同的礼仪;能换位思考,形成积极的人生观、责任感。	能应用文化课知识进行策划、制作、表演与展示;能从不同角度观察社会事物和现象,能够选用恰当的工具和方法分析、说明问题。	通过各项运动,形成团结协作及集体主义精神,具有坚忍的意志力;初步掌握运动基本技术和避险方法;初步了解青春期健康知识。	主动参与家庭、班级、学校的管理与劳动;有到社区进行服务性劳动的意识;主动参加艺术活动,发展个性特长,提高审美情趣。

	优雅 爱家国　守规则	智慧 爱学习　乐探究	阳光 爱生活　强体魄	灵动 爱实践　懂审美
六年级	主动了解中华优秀传统文化和党的光荣革命传统；理解日常生活的道德规范和文明礼貌，形成规则意识和法治观念，养成良好的生活和行为习惯；能够为保护生态环境贡献自己的力量。	掌握六年级文化课程标准规定的要求；有浓厚的学习兴趣，找到适合自己的学习方法并制定出相应的学习计划，能将所学知识运用于实践，能提出问题、解决问题。	积极参加特长项目的体育活动，加强身体锻炼，保持愉快的心情；能用正确的心态，了解青春期的卫生保健知识；形成诚实守信、友爱宽容、自尊自律、乐观向上等良好品质。	有到社区进行服务性劳动的意识和行动实施，养成爱实践的良好习惯；积极主动参加社区、学校、班级组织的各项活动，并敢于展示自我，发挥聪明才智，提升审美能力。

二、建构丰富的课程体系

学校课程设计要为孩子指引明确的发展方向，要体现学校的实践历程。学校以教育哲学为方向，以"创则兴，新则进"的办学理念为宗旨，以"智慧树课程"为抓手，致力于培养"优雅、智慧、阳光、灵动"的创新学子，构建了学校课程体系（见图1）。

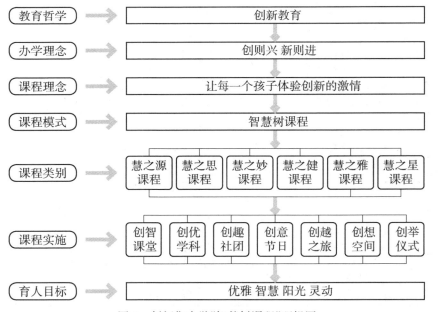

图1　创新街小学"智慧树课程"逻辑图

根据霍华德·加德纳的多元智能理论,我们将课程设置为"慧之源、慧之思、慧之妙、慧之健、慧之雅、慧之星"等七大类课程,呈现出立体式、多维度、全方位的特色,把培养目标、课程设置、课程内容有机结合,形成了目标清晰、上下关联的一个群落(见图2)。

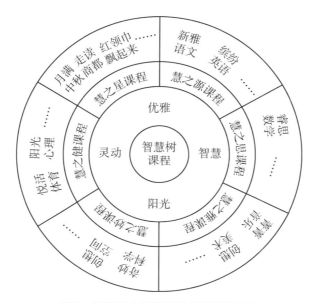

图2　创新街小学"智慧树课程"结构图

在图2中,各类课程内涵如下。

"慧之源课程"即语言类课程。语言是世界文明发展的源泉,为了让儿童用更宽广的视角去了解世界,用语言的魅力去积累精神财富,我们设置了"新雅语文""缤纷英语"等课程群。

"慧之思课程"即逻辑类课程。为了使儿童能够在解决问题时进行系统的思考和推论,有效提升思维模式而设置的课程,主要包括"睿思数学"等课程群。

"慧之雅课程"即艺术类课程。儿童的健康成长离不开高雅艺术的熏陶和艺术带来创造力,因此,我们设置了"创想美术""菁菁音乐"等课程群。

"慧之妙课程"即科学类课程。儿童对周围世界具有强烈的好奇心和求知欲,为推动儿童科学学习的内在动力,设置了"奇妙科学"课程群、"创想空间"等。

"慧之健课程"即健康类课程。该课程是为了增进儿童的身心健康,培养儿童的运动能力、健康行为和体育品格等而设置的,主要包括"悦活体育"课程群和"阳光心理"等。

"慧之星课程"即品德类课程。为充分发挥节日的教育功能,围绕传统节日和现代节日开展课程活动;实施多样化的仪式课程,提升育人水平;开发研学课程,让儿童在走读中了解家乡历史及变化,培养具有家国情怀的创新好少年。

三、富有深度的课程实施

课程实施与评价体现了对课程理念的贯彻与执行,学校通过"创智课堂、创优学科、创趣社团、创意节日、创越之旅、创想空间、创举仪式"等七大途径来推进和实施课程,践行"让每一个孩子体验创新的激情"的课程理念,并制定了相应的评价标准来诊断课程实施效果、课程目标的达成程度。

我们构建了"创智课堂"。该课堂以课程建设为载体,通过"学习—实践—反思—交流—合作"的实践策略,提高教师备课、实施、评价、反思教学的能力,通过各种措施提高课堂效率、减轻学生课业负担、优化课堂教学模式,努力做到目标明晰、内容充实、过程立体、方法有趣、评价多样。

我们创建了"1+X"课程群。学校以国家课程为原点,根据学科特点、学生需求,深入探索学科拓展课程,通过"创优学科"来丰富学科课程体系,形成了"1+X"的课程群。丰富多样的学科拓展课程,让学生的知识面进一步得到延伸。通过"缤纷英语节""快活体育节""科技节""数学节"等学科节为学生的课程成果提供展示平台,丰富了学生的学习生活。

我们打造了新阅读文化节。我校已经成功举办了"锦绣中国""我和我的家乡""我眼中的一带一路"三届新阅读文化节。该文化节以个人阅读、小组阅读、亲子阅读为主要阅读形式,强调阅读的整体性、合作性、体验性、实践性、综合性、研究性等,教师、学生、家长全员参与阅读过程,形成了教师主导、学生主体、家长辅助的阅读模式。师生家长在阅读过程中,通过读书、旅行、调查、访谈、查阅资料等方式来加深认知;在实践过程中,发现问题、提出问题、思考问题、解决问题;在研究过程中,形成独到的见解并撰写成果。目前,学校正在筹备以"童眼看世界"为主题的新阅读文化节,引领孩子将目光投向更广阔的世界。新阅读文化节的开展,让每一个孩子体验着阅读的快乐、研究的深入和创新的激情。

我们丰富了兴趣课程。学校每周五下午的"缤纷走班"课程,打破了班级和学科的限制,让每个孩子自主选择喜欢的课程。泥塑教室里,一团泥巴变成了一个个可爱的小朋友、小罐子;美术教室里,超轻黏土变成了一盘各种各样的水果、一束束美丽的鲜花;报告厅里,一群可爱的孩子在排练着话剧……因为兴趣课程,教室里充满了活力,每个孩子的脸上都洋溢着幸福、自信的微笑。

我们打造了特色社团。"创趣社团"以发展学生的特长为宗旨,以促进个性发展为目标,开设了足球、乐器、创新车队等特色社团课程。足球社团由专业教练员进行指导训练,代表学校参加各级青少年足球赛,并取得了优异的成绩。创新车队以绿色能源电动车为研究对象,在专设的任务情景驱使下,学生学习了电动车的基础理论、设计、组装等知识,动手能力、社交能力、团结协作能力和创新能力都得到了培养。在参与比赛的过程中,学生的应变能力得到锻炼,意志力得到磨炼。创新街小学蒲公英管乐社团,有200余名学生,优美动听的乐曲伴随孩子的成长,跳跃的音符把孩子们带进高雅艺术的殿堂。

我们创设了特色节日课程。特色节日课程分为传统节日、现代节日、校园节日等课程。传统节日围绕春节、元宵、清明、端午、中秋、重阳等六大中华传统节日展开,充分挖掘传统节日的教育元素,让学生接受中华民族传统文化的熏陶,感受祖国文化的博大精深。现代节日包含着人们对美好生活的寄托和希望,引导学生关注元旦、妇女节、劳动节、儿童节、国庆节、建队节等现代节日,通过升旗仪式、主题队会了解其内涵,增强生活仪式感。校园节日主要包括安全节、艺术节、科技创新节等,让节日文化走进校园,走进课堂,充分发挥节日的教育功能。

我们推行了研学旅行课程。其功能是让学生在走读中了解家乡历史及变化,传承发扬商城文化,培养具有家国情怀的创新好少年。学校研发了低年级"走读商都",从历史、遗迹、粮食、交通、美食等方面进行了解;中年级"品味国际郑",从位置、中欧班列、科技等方面进行研究;高年级"童心向党"属于场馆课程,让学生在参观过程中了解过去那段让人永远不能忘记的历史。

创新永无止境,创新人用创新开启"创新教育"新未来。

(撰稿者:徐建梅　石宇霞　刘彦霞　马敏)

第一章

新雅语文：让儿童乐享语文之美

　　语文是一门学习国家通用语言文字运用的综合性、实践性课程，她清丽婉转、诗意盎然、情韵悠长，她纯真美好、寄情抒怀、温文尔雅。她将儿童生命的丰盈和语文的美丽汇聚在一起，让儿童可以站在山巅与日月星辰深情对话，可以潜游水底与江河湖海悄悄晤谈，可以给每一株小草朗诵诗歌，使儿童的精神世界充满激情。"新雅语文"让儿童乐享语文之美的同时，坚定学好语文的信心。

郑州市管城回族区创新街小学语文组现有教师 86 人，其中中小学高级教师 5 人，中小学一级教师 24 人。有河南省骨干教师 3 人，郑州市骨干教师 6 人，管城回族区骨干教师 5 人，河南省名师 1 人，郑州市名师 1 人，管城回族区名师 4 人，管城回族区首席教师 3 人。郑州市管城回族区创新街小学语文学科组充分发挥团队合作力量，积极组织名师、骨干教师参加课程群建设研讨活动。为了每一个孩子的长远发展，我校依据教育部《关于深化课程改革落实立德树人根本任务的意见》《义务教育语文课程标准（2022 年版）》，推进语文学科课程群建设，有效地促进了学生语文学科素养的落实。

第一节　让语文之美和儿童生命交融

一、学科性质和价值观

《义务教育语文课程标准(2022 年版)》中指出:"语文课程是一门学习国家通用语言文字运用的综合性、实践性课程。工具性与人文性的统一,是语文课程的基本特点。语文课程应引导学生热爱国家通用语言文字,在真实的语言运用情境中,通过积极的语言实践,积累语言经验,体会语言文字的特点和运用规律,培养语言文字运用能力;同时,发展思维能力,提升思维品质,形成自觉的审美意识,培养高雅的审美情趣,积淀丰厚的文化底蕴,继承和弘扬中华优秀传统文化、革命文化、社会主义先进文化,增强对习近平新时代中国特色社会主义思想的理解和认识,全面提升核心素养。"①

《义务教育语文课程标准(2022 年版)》中还指出"语文课程致力于全体学生核心素养的形成与发展,为学生学好其他课程打下基础;为学生形成正确的世界观、人生观、价值观,形成良好个性和健全人格打下基础;为培养学生求真创新的精神、实践能力和合作交流能力,促进德智体美劳全面发展及学生的终身发展打下基础。语文课程在推广普及国家通用语言文字、增强凝聚力、铸牢中华民族共同体意识,建立文化自信、培育时代新人,实现中华民族伟大复兴等方面具有不可替代的优势。"②

因此,新雅语文课程秉承《义务教育语文课程标准(2022 年版)》要求,围绕立德树人的根本任务,聚焦学生核心素养的形成和发展,培养学生形成正确的世界观、人生观和价值观,使学生拥有良好的道德品格和健全人格,成为具有高尚情操、能够自我激励和自我发展的全面创新型人才。

---

① 中华人民共和国教育部. 义务教育语文课程标准(2022 年版)[S]. 北京:北京师范大学出版社,2022: 1.
② 中华人民共和国教育部. 义务教育语文课程标准(2022 年版)[S]. 北京:北京师范大学出版社,2022: 1.

二、学科课程理念

根据《义务教育语文课程标准（2022 年版）》相关内容，结合我校语文学科教学实际情况，我们提出了以"新雅语文"为核心的语文学科课程理念，并将其落实到具体的教学实践活动中。

"新雅语文"注重引导学生提高思想文化修养，建立文化自信，丰富语言积累，培养语感，发展思维，初步掌握学习语文的基本方法，养成良好的学习习惯，立足于让孩子乐享语文之美。课程以新锐雅正为追求，探索智慧、守正创新，力求培养具备"创新"品质、"文雅"气质、"儒雅"风范的优秀学子。

《义务教育语文课程标准（2022 年版）》中指出，"核心素养是学生通过课程学习逐步形成的正确的价值观、必备品格和关键能力，是课程育人价值的集中体现。义务教育语文课程培养的核心素养，是学生在积极的语文实践中积累、建构并在真实的语言运用情境中表现出来的，是文化自信和语言运用、思维能力、审美创造的综合体现"①。因此，新雅语文课程就从培养学生语文核心素养和尊重学生的独特学习体验出发，确定了本学科的课程理念。

（一）"新雅语文"——广闻雅听，勤思言新

倾听是一种能力、一种素质，是学生获取信息、提炼信息不可或缺的有效途径，是一个重要的语文学习习惯。"新雅语文"针对学生的年龄特点选取美文片段、经典作品，通过构建语言训练空间，有意识地锻炼学生倾听的能力，引导学生逐步养成勤于思考的习惯，做到"说""听""思"并重。

（二）"新雅语文"——察纳雅言，吐故纳新

向学生生活的各个领域开拓、延展，全方位地与他们的学校生活、家庭生活和社会生活有机结合起来，培养学生的表达与交流能力，提升语言运用、思维发展等综合能力。"新雅语文"注重培养学生的表达与交流能力，学生在相互地说、练、演的过程中，感受到别人的关爱，同时也学会了去关爱别人。通过积极自主发表个人见解，汲取交流对象的优点优势，学生们收获的不仅是知识，而且也是思维能

---

① 中华人民共和国教育部. 义务教育语文课程标准（2022 年版）[S]. 北京：北京师范大学出版社，2022：1.

力,更是良好的情感和健全的人格。

（三）"新雅语文"——好书雅赏，推陈致新

古今中外经典的文学作品,蕴藏着丰厚的传统文化和博大的人文情怀。"新雅语文"通过引导学生学习经典篇章,进一步提高学生自身掌握和运用汉语言的水平,并通过语言载体,潜移默化地提升自身的文化素养,理解其中的文化意蕴,感悟人生和生命的价值取向,从而达到提高人文素养、培养审美能力、完善人格品质、增强文化自信的教育目标。

（四）"新雅语文"——善思雅书，传承创新

《义务教育语文课程标准(2022年版)》明确指出:"积极观察、感知生活,发展联想和想象,激发创造潜能,丰富语言经验,培养语言直觉,提高语言表现力和创造力,提高形象思维能力。"[①]如何让学生学会做个有心人,善于思考、乐于写作呢?"新雅语文"提倡让学生观察大自然,接触社会,积累写作题材,把写作训练的触角伸向生活的每一个角落,让学生在生活中长知识、受教育、得到启发,用情感的波澜、生活的需要,激发学生的主观能动性,让创新的火花更加闪耀。

"新雅语文"承担着塑造人文精神、熏陶道德情操的使命,它以"新雅"精神为核心,尊重教育规律、尊重学生人格、尊重自主发展,活化学习资源,创造适合每一位学生健康成长的教育环境,让学生乐享语文之美。

---

① 中华人民共和国教育部. 义务教育语文课程标准(2022年版)[S]. 北京:北京师范大学出版社,2012:6.

第二节　让语文为儿童插上飞翔的翅膀

　　《义务教育语文课程标准（2022年版）》指出："语文课程致力于全体学生核心素养的形成与发展，为学生学好其他课程打下基础；为学生形成正确的世界观、人生观、价值观，形成良好个性和健全人格打下基础；为培养学生求真创新的精神、实践能力和合作交流能力，促进德智体美劳全面发展及学生的终身发展打下基础。语文课程在推广普及国家通用语言文字、增强凝聚力、铸牢中华民族共同体意识，建立文化自信、培育时代新人，实现中华民族伟大复兴等方面具有不可替代的优势，语文课程的多重功能和奠基作用，决定了它在九年义务教育中的重要地位。"①

一、学科课程总体目标

　　《义务教育语文课程标准（2022年版）》指出："语文课程围绕核心素养，体现课程性质，反映课程理念，确立课程。"②从培养语文核心素养的宏观角度出发，语文课程的总体目标在"情感态度与价值观""过程与方法"两个维度。该目标要求在语文学习过程中，要注重培养学生的爱国主义、集体主义、社会主义思想道德和健康的审美情趣，要发展个性，培养学生的创新精神和合作精神，引导学生逐步形成积极的人生态度和正确的世界观、价值观。要让学生在发展语言能力的同时，发展思维能力，学习科学的思想方法，逐步养成实事求是、崇尚真知的科学态度；能主动进行探究性学习，激发想象力和创造潜能，学会在实践中学习和运用语文。以下五个方面的目标设计也着眼于学生语文核心素养的整体提高，把"知识与能力""过程与方法""情感态度与价值观"三者融合，相互渗透。

---

① 中华人民共和国教育部. 义务教育语文课程标准（2022年版）[S]. 北京：北京师范大学出版社，2022：2.
② 中华人民共和国教育部. 义务教育语文课程标准（2022年版）[S]. 北京：北京师范大学出版社，2022：4.

（一）识字与写字

识字写字是阅读和写作的基础，是第一学段的教学重点，也是贯穿整个义务教育阶段的重要教学内容。识字教学把儿童熟识的语言因素作为主要材料，结合儿童的生活经验，引导学生利用各种机会主动识字，力求识用结合。

《义务教育语文课程标准（2022年版）》指出："认识和书写常用汉字，学会汉语拼音，能说普通话。主动积累、梳理基本的语言材料和语言经验，逐步形成良好的语感，初步领悟语言文字运用规律。学会使用常用的语文工具书，运用多种媒介学习语文，初步掌握基本的语文学习方法，养成良好的学习习惯。"[1]因此，依据《义务教育语文课程标准（2022年版）》课程标准，"新雅语文"课程制定了在识字写字方面的总体目标，即：要激发孩子学习汉字的兴趣，养成主动识字的习惯，提高独立识字的能力。要根据各个学段的不同要求，循序渐进地进行写字教学，重视学生的写字姿势，讲究写字教学策略，引导学生掌握基本的书写技能，养成良好的书写习惯，提高书写质量，体会汉字的优美。在日常书写中增强练字意识，避免低质量的机械性书写操练。语文课要安排学生的练字时间，让学生在识字、写字的过程中增强对祖国语言文字的热爱，加深对中华民族文化的理解，陶冶学生的性情，培养学生的审美能力。

（二）阅读

阅读是学生获取信息、认识世界、发展思维、获得审美体验的重要途径。阅读教学是学生、教师、教科书编者、文本之间进行相互对话的过程。阅读是学生的个性化行为，通过引导学生钻研文本，积极主动地思考，帮助学生加深理解和体验，有所感悟，受到情感熏陶，获得思想启迪，享受审美乐趣。

《义务教育语文课程标准（2022年版）》要求学生："学会运用多种阅读方法，具有独立阅读能力。能阅读日常的书报杂志，初步鉴赏文学作品，能借助工具书阅读浅易文言文。学会倾听与表达，初步学会用口头语言文明地进行人际沟通和社会交往。能根据需要，用书面语言具体明确、文从字顺地表达自己的见闻、体验和想法。"[2]因此，依据《义务教育语文课程标准（2022年版）》课程标准，"新雅语文"课

---

① 中华人民共和国教育部. 义务教育语文课程标准（2022年版）[S]. 北京：北京师范大学出版社，2022：6.
② 中华人民共和国教育部. 义务教育语文课程标准（2022年版）[S]. 北京：北京师范大学出版社，2022：6.

程制定了阅读总体目标,即:各个学段要加强对学生掌握阅读方法的指导,让学生逐步学会默读、略读和浏览。广泛诵读诗文,增强积累、体验和语感培养。教师要注重培养学生的阅读兴趣,扩大阅读面,增加阅读量,提高阅读品位,提倡少做题、多读书、好读书、读好书、读整本的书。教学时,关注通过多种媒介的阅读,鼓励学生自主选择优秀的阅读材料。课堂外,加强对学生课外阅读的指导,开展各种课外阅读活动,为学生创造展示与交流的机会,营造人人爱读书的良好氛围。

（三）写作

写作是运用语言文字进行表达和交流的重要方式,是认识世界、认识自我、创造性表述的过程。写作能力是学生的语文素养的综合体现。

《义务教育语文课程标准(2022年版)》要求学生:"积极观察、感知生活,发展联想和想象,激发创造潜能,丰富语言经验,培养语言直觉,提高语言表现力和创造力,提高形象思维能力。乐于探索,勤于思考,初步掌握比较、分析、概括、推理等思维方法,辩证地思考问题,有理有据、负责任地表达自己的观点,养成实事求是、崇尚真知的态度。"[①]依据课程标准的相关要求,写作教学贴近学生实际,让学生易于动笔,乐于表达,引导学生关注现实,热爱生活,积极向上,表达真情实感。在写作教学中,教师应注重培养学生观察、思考、表达和创造的能力。要求学生说真话、实话、心里话,不说假话、空话、套话。鼓励学生写想象中的事物。为学生的自主写作提供有利条件和广阔空间,减少对学生写作的束缚,鼓励自由表达和有创意地表达。习作教学应提倡学生自主选题,少写命题作文,加强平时的练笔指导。写作教学应抓住取材、构思、起草、加工等环节,指导学生在写作实践中学会写作。重视引导学生在自我修改和相互修改的过程中提高写作能力。要重视写作教学与阅读教学、口语交际教学之间的联系,善于把读与写、说与写有机结合,相互促进。善于利用信息技术与网络的优势,丰富写作形式,激发写作兴趣,增加学生创造性表达、展示交流与互相评改的机会。

（四）口语交际

口语交际能力是现代公民的必备能力,包括"倾听、表达和回应的能力"[②]。

① 中华人民共和国教育部. 义务教育语文课程标准(2022年版)[S]. 北京:北京师范大学出版社,2022:6.
② 吴忠豪.《小学语文课程与教学》(第二版)[M]. 北京:中国人民大学出版社,2015:26.

《义务教育语文课程标准(2022年版)》要求学生:"关心社会文化生活,积极参与和组织校园、社区等文化活动,发展交流、合作、探究等实践能力,增强社会责任意识。感受多样文化,吸收人类优秀文化的精华。"①口语交际是听与说双方的互动过程,依据《义务教育语文课程标准(2022年版)》,"新雅语文"课程制定了如下"口语交际"总体目标,即:教学活动主要在具体的交际情境中进行,不宜采用大量讲授口语交际原则、要领的方式,而是努力选择贴近生活的话题。要采用灵活的形式组织教学,在课堂教学中培养学生的口语交际能力。鼓励学生在各种教学活动以及日常生活中锻炼口语交际能力。

(五)综合性学习

综合性学习主要体现为"语文知识的综合运用、听说读写能力的整体发展、语文课程与其他课程的沟通、书本学习与生活实践的紧密结合。"②主要目的就是引领学生走出课堂,以校园、自然、社会为大课堂,在实践中加深理解,这样才更有利于学生语文素养的提升。

《义务教育语文课程标准(2022年版)》要求学生:"能借助不同媒介表达自己的见闻感受,学习发现美、表现美和创造美,形成健康的审美情趣。"③因此,"新雅语文"综合性学习的总体目标是:突出学生的自主性,重视学生主动积极地参与探索和研究的过程,培养学生策划、组织、协调和实施的能力。加强教师在各环节中的指导作用。课程设计要开放、多元,提倡与其他课程相结合,开展跨领域学习。

二、学科课程年段目标

依据语文课程总目标,我们制定了小学六个年级的课程目标。这里,我们以一年级为例来说明(见表1-1)。

---

① 中华人民共和国教育部. 义务教育语文课程标准(2022年版)[S].北京:北京师范大学出版社,2022:6.
② 吴忠豪.《小学语文课程与教学》(第二版)[M].北京:中国人民大学出版社,2015:24.
③ 中华人民共和国教育部. 义务教育语文课程标准(2022年版)[S].北京:北京师范大学出版社,2022:6.

表 1-1 "新雅语文"一年级课程目标表

内容 年级	上　学　期	下　学　期
一年级	第一单元 1. 认识 35 个生字,会写 15 个字和 10 个笔画,会用汉字进行扩词练习。 2. 根据已有经验学习象形字,感知汉字的表意功能。通过感受语文与生活的联系,初步了解汉字的文化内涵,渗透良好的学习习惯,产生主动识字的愿望。 3. 正确、流利地朗读课文,背诵课文。 4. 了解汉字"从上到下""先横后竖"的笔顺规则,养成良好的书写习惯。通过对多种识字方法的了解,体会汉字学习的乐趣,积累汉字学习的经验。 5. 在游戏中培养"大胆说"和"注意听"的听说习惯。对交流有兴趣,感受交流的快乐。 6. 在大人的帮助下,阅读儿歌《小白兔和小灰兔》。了解课外阅读的基本途径,和大人一起阅读,感受阅读的快乐,并乐于和大家分享课外阅读的成果。	第一单元 1. 认识 44 个生字和 8 个偏旁;会写 28 个字和 2 个笔画。了解形声字的构字规律,利用已有的生活经验及插图、字谜等识字。 2. 正确、流利地朗读课文,感受祖国的大好河山、大自然四季的美好,朗读积累描写春天的词语,并用图文结合的方式,展示自己对春天的喜爱之情。朗读、积累描写春天的词语。 3. 学会倾听故事,能抓住故事中的关键词语,理清顺序。借助图片讲故事,做到声音响亮。 4. 学习表示天气的词语,认识 7 个生字。 5. 认识《汉语拼音字母表》,能有顺序地正确认读熟记,能把大小写字母相对应。通过归类练习,复习前后鼻音的读音。 6. 了解全包围结构的字"先外后内再封口"的笔顺规则,能在田字格中正确书写。
	第二单元 1. 正确认读 ɑ、o 等 6 个单韵母和 y、w 两个隔音字母,b、p 等 21 个声母,yi、wu 等 10 个整体认读音节。掌握两拼音节和三拼音节的拼读方法正确拼读声母和单韵母组成的音节。 2. 认识四线格并正确书写 6 个单韵母、2 个隔音字母、21 个声母。 3. 认识"爸、妈"等 16 个生字,会拼读 13 个音节词;借助拼音和教师的示范,朗读《轻轻跳》等 5 首儿歌。 4. 了解课程表中的课程名称,认识"文、数"等 5 个生字。能通过多种方式摆字母,记忆字母形体。正确辨读平、翘舌声母组成的音节。能区分 3 组形近字母,区分易混淆的音节词。 5. 能正确拼读 6 个音节词,并根据拼读	第二单元 1. 认识 49 个生字和 5 个偏旁,读准 1 个多音字,会写 27 个字和 3 个笔画。 2. 正确朗读课文,读准字音,能读好带有感叹号的句子。积累词语,鼓励学生能把学到的词语运用于表达中。 3. 读懂课文,能提取明显信息,乐于和小伙伴交流阅读感受。感受儿童的美好愿望,了解革命传统故事,激发对革命领袖的敬爱之情。 4. 学习一组数量短语,认识 7 个生字。通过独体字加部件成为新字的练习,巩固已学的字,展示从其它学科中学到的生字,激发自主识字的兴趣。

年级＼内容	上 学 期	下 学 期
	词义做动作。能正确拼读 8 个音节词，并把事物进行分类；能认读学过的生字，知道拼音能帮助识字；能借助拼音和图画认读词语，初步学习量词。 6. 在大人的帮助下，正确朗读儿歌《剪窗花》，感受传统文化的魅力。 7. 通过在儿歌拼读中运用，巩固已学拼音，达到熟练拼读的目的。结合学生的生活学习拼音，激发学习拼音的兴趣。	5. 复习巩固《汉语拼音字母表》，能把大小写字母一一对应。 6. 朗读、背诵古诗《春晓》。 7. 和大人一起读《阳光》，感受阳光的美好与宝贵。
	第三单元 1. 正确认读 ai、ei 等 8 个复韵母，1 个特殊韵母 er，an，en 等 5 个前鼻韵母，ang、eng 等 4 个后鼻韵母，ye、yue 等 6 个整体认读音节。掌握两拼音节和三拼音节的拼读方法，正确拼读由复韵母组成的音节。在四线格中正确书写 5 个音节词。认识"妹、奶"等 15 个生字。 2. 借助拼音和教师的示范，朗读《洗手歌》等 5 首儿歌。 3. 能区分读音相近的音节，读准音节，能辨别 ie 和 ei、iu 和 ui 这两组形近的复韵母，并正确拼读音节词。 4. 能读记声母表、韵母表和整体认读音节表；能区分声母、韵母和整体认读音节；知道自己的名字是由哪些音节组成的。 5. 会读由"车"组成的 7 个词语。会说与"车"有关的词语。 6. 借助拼音，和大人一起读《小鸟念书》，感受和大人一起阅读的乐趣。	**第三单元** 1. 认识 33 个生字和 4 个偏旁，读准 4 个多音字，会写 20 个字。 2. 正确、流利地朗读课文，读好"不"的变调。 3. 学习联系上文了解词语意思的方法，知道"孤单、快乐、独自、有劲"等词语的意思；初步体会"偷偷地、飞快地"等词语的用法；积累意思相对的词语和表示游戏活动的词语。 4. 读好对话，读出不同角色说话的语气；朗读儿童诗，初步体会诗歌的情趣，读出自己的感受。 5. 懂得自己遇到困难时可以寻求别人的帮助。在不同情境下会使用合适的礼貌用语。能大致讲清楚自己的要求。 6. 学习用音序查字法查字典。 7. 朗读、背诵古诗《赠汪伦》。 8. 和大人一起读《胖乎乎的小手》，知道要帮助大人做力所能及的事。
	第四单元 1. 认识 39 个生字、9 个偏旁和 1 个多音字，会写 14 个字和 5 个笔画。 2. 正确朗读课文，读准字音。背诵《秋天》《小小的船》《江南》《四季》。感受四季之美、产生对大自然的喜爱之	**第四单元** 1. 认识 46 个生字和 4 个偏旁，会写 28 个字。 2. 正确、流利地朗读课文，读好长句子及问句，注意停顿，读懂句子所表达的意思。

内容\年级	上　学　期	下　学　期
	情。认识自然段。积累和拓展带叠词的偏正短语。 3. 能向他人做自我介绍，并就感兴趣的话题与对方交流，增强主动交往的意识。知道与人交谈时，"看着对方的眼睛"是一种基本的交际原则和交际礼仪。 4. 能展示并认识姓名中的生字，产生在生活中自主识字的兴趣。 5. 积累关于"惜时"的名言，初步懂得要珍惜时间。 6. 和大人一起读《小松鼠找花生》，了解花生的果实长在地下这一生活常识。	3. 理解"勇敢"等词语的意思，用扩词的方法积累一些常用词语，归类积累"（　）来（　）去"，尝试说这样的词语。朗读《静夜思》并背诵积累。初步感受端午节的传统文化，体会浓浓的亲情。 4. 积累与身体部位有关的词语，归类识记月字旁的字。正确朗读并积累带有轻声的词语。书写"主、门、书、我"4个带有点的字，了解"点的位置不同，书写先后也不同"的笔顺规则。 5. 朗读、背诵古诗《寻隐者不遇》。 6. 和大人一起读《妞妞赶牛》，感受读绕口令的乐趣。
	第五单元 1. 认识55个生字和10个偏旁，会写23个字和2个笔画。 2. 能利用已有的生活经验，借助会意字识字、归类识字、反义词识字等多种方法识字。进一步了解汉字的文化内涵，喜欢学习汉字。 3. 正确朗读课文。背诵《画》《大小多少》《升国旗》。感受谜语诗描绘的景象；养成爱惜文具的好习惯；懂得团结协作力量大的道理；受到初步的爱国主义教育。 4. 发现草字头和木字旁所代表的意思，初步感知偏旁表义的构字规律。辨析易混淆的音节，读准平舌音、翘舌音、鼻音和边音。 5. 了解汉字"从左到右""先撇后捺"的笔顺规则，能按规则正确书写。 6. 朗读、背诵《悯农（其二）》，懂得要爱惜粮食。 7. 和大人一起读《拔萝卜》，了解故事内容，初步尝试续编故事。	**第五单元** 1. 认识49个生字和1个偏旁，会写28个字。了解"包"字族汉字的特点，体会形声字的构字规律，感受形声字音、形义之间的关系。 2. 正确、流利地朗读课文；学习用不同的节奏朗读不同形式的韵语；背诵《古对今》和《人之初》。 3. 继续了解形声字的构字规律，并学习运用这一规律自主识字。会读"蜻蜓展翅、和风细雨"等词语。了解身边小动物的习性和四季气候、景物的变化，保持探索自然的好奇心。 4. 了解打电话的一般步骤，初步学会独立打电话和接电话。打电话时，把要表达的意思说清楚；接电话时能听清楚主要内容。接电话时，都要注意使用礼貌用语。 5. 运用音序查字法查字典，查字典有一定速度。 6. 积累歇后语，初步感受歇后语的特点。 7. 和大人一起读寓言故事《狐狸和乌鸦》，初步体会寓言包含的道理，感受共读的乐趣。

内容 年级	上 学 期	下 学 期
	第六单元	**第六单元**
	1. 认识 43 个生字、10 个偏旁和 2 个多音字,会写 17 个字和 3 个笔画。	1. 认识本单元 36 个生字和 1 个偏旁,读准 1 个多音字,会写 21 个字。
	2. 学习分角色朗读课文,读好人物说话的语气。认识逗号和句号,根据标点读好停顿,初步建立句子的概念。背诵《比尾巴》。展示在生活中自主识字的成果,养成自主识字的习惯。	2. 能正确朗读课文,读准字音,读好带有"呢、呀、吧"的问句和感叹句。能运用联系生活、结合图片等方式理解"摇篮、潮湿"等词语的意思;学习"荷叶绿绿的,圆圆的"这类句子的多样表达,并积累文中的比喻句。
	3. 学会用"前、后、左、右"4 个方位词说话。积累一问一答的语言表达,积累由生字拓展的新词。初步了解借助太阳辨别方向的方法,进一步感受方位词。	3. 能读出古诗的节奏和儿童诗的韵味;能分角色读好文中的对话;尝试依据课文句式相近、段落反复的结构特点背诵课文。
	4. 根据场合,用合适的音量与他人交流。知道根据场合,用合适的音量与人交流是文明有礼貌的表现。	4. 能正确使用逗号、句号、问号、感叹号;能正确抄写句子。通过认识食品包装识字,并乐于与同学分享生活中识字的收获。
	5. 初步了解汉字的上下结构和左右结构,把汉字按结构进行归类。	5. 朗读、积累关于气象的谚语。
	6. 朗读、背诵《古朗月行(节选)》。	6. 和大人一起读《夏夜多美》,体会夏夜的美好和同伴互助的温暖,享受共读的乐趣。
	7. 和大人一起读《谁会飞》,感受儿歌的生动有趣,了解动物都有自己不同的活动方式。	
	第七单元	**第七单元**
	1. 认识 33 个生字和 5 个偏旁,会写 11 个字。	1. 认识 51 个生字和 2 个偏旁,会写 27 个字。正确、流利地朗读课文;分角色朗读课文,读好对话。掌握"加一加""减一减"的识字方法。能分辨形近字。了解左上包围和右上包围的字"先外后内"的笔顺规则,并能在田字格中正确书写。
	2. 正确、流利地朗读课文。初步尝试找出课文中一些明显的信息。联系生活实际,理解课文内容,感受儿童丰富多彩的内心世界。	
	3. 学习偏正短语的合理搭配。	2. 联系上下文和生活经验理解"平平安安、后悔"等词语的意思;运用组词的方法继续积累词语;会用"掰、扛、扔"等动词说话。
	4. 发现日字旁和女字旁所代表的意思,了解汉字偏旁表义的构字规律。	
	5. 看图写词语,能根据图意说一两句话。	3. 借助插图、故事情节反复的特点读懂长课文。能根据课文信息作简单推断;借助文本情节,了解告知一件事情时,需要说清楚时间、地点等要素。
	6. 朗读、背诵谚语,初步了解谚语蕴含的道理。	
	7. 尝试和大人分角色朗读《猴子捞月亮》,感受故事的趣味。	

内容　年级	上　学　期	下　学　期
		4. 在活动情境中明白游戏规则,在交际互动中初步学习条理表达。初步养成乐于交往、友善待人的交往意识和行为习惯。 5. 朗读、积累关于学习的名言。 6. 和大人一起读《孙悟空打妖怪》,读出韵文的节奏,感受共读的乐趣。
	第八单元 1. 认识 33 个生字、2 个偏旁和 1 个多音字,会写 14 个字和 1 个笔画。了解汉字"先中间后两边""先外后内"的笔顺规则,能按规则正确书写。 2. 正确、流利地朗读课文。能找出课文中明显的信息。背诵《雪地里的小画家》。 3. 借助图画,猜读不认识的字,自主阅读不全文注音的课文。 4. 通过学习课文,了解一些自然常识,产生观察自然、观察生活的兴趣。 5. 与人交流,能大胆说出自己的想法。积极参与讨论,能选出自己喜欢的方法,并说出理由。 6. 朗读、背诵《风》。 7. 学习写新年贺卡,能给家人或朋友写一句祝福的话。试着把《春节童谣》读给大人听,了解春节的习俗,体会过年的快乐。	**第八单元** 1. 认识 38 个生字和 3 个偏旁,会写 21 个字。能借助图画、形声字特点、生活经验猜字、识字。 2. 正确、流利地朗读课文;体验角色读好对话,学习读出祈使句的语气。 3. 联系上下文和生活经验理解"可恶、盼望、热闹"等词语的意思;积累"碧绿碧绿的""雪白雪白的"这类结构的短语。 4. 能带着问题边读边思考,继续训练根据信息作简单推断的阅读能力。借助连环画理解课文内容,说说故事的主要情节。 5. 在生活情境中积累 11 个词语,认识 8 个生字。发现反犬旁、鸟字边、虫字旁所代表的意义,进一步感知形声字形旁表义的构字规律。 6. 朗读、背诵古诗《画鸡》。 7. 和大人一起读童话《小熊住山洞》,并能说说自己的想法。

　　清晰的学科课程总体目标,让学生可以从识字与写字、阅读、写作、口语交际、综合性学习这五个方面对语文学科有一个全新的认识。学生可以潜移默化地从宏观的角度接受文化底蕴的熏陶。另外,依据语文课程总目标又设定了小学阶段六个年级不同的学段目标,充分尊重学生阶段性差异,更便于教师在教学中及时对学习情况进行评价。总体来讲,目标的设定让语文学科在学生的生活中更真实可感,也让语文学科为儿童的全面发展插上了翅膀。

第三节　让语文丰富儿童的发展图景

依据"新雅语文"课程基本理念,在实施基础课程的同时,聚焦"新雅语文"课程目标,开发、丰富语文学科拓展课程,构建相互补充、相互促进的课程体系,适应学生个性发展的需求。

一、学科课程结构

"新雅语文"秉承学科课程哲学,结合学生的发展特点,构建"新锐雅正"的语文学习图景,依据《义务教育语文课程标准(2022年版)》学段目标中"识字与写字""阅读与鉴赏""表达与交流""梳理与探究"四部分内容,把语文课程具体分为"新雅识写""新雅阅读""新雅写作""新雅交际""新雅探究"五大类。"新雅语文"课程结构见下(见图1-1)。

图1-1　"新雅语文"课程结构图

在图1-1中,各板块课程如下。

（一） 新雅识写

该课程通过开展有趣的识字、写字游戏,创设真实、生动的生活情境,营造轻松愉快的识字氛围,鼓励学生掌握规范书写汉字的技能,增强对祖国语言文字的热爱,加深对中华民族文化的理解。开设有"识字闯关""词海世界""趣味汉语""汉字艺术""我爱汉字""汉字英雄"等课程。

（二） 新雅阅读

该课程以开阔视野、习得语言、丰厚底蕴为目标,运用多种阅读方法,鼓励学生用开放的眼光看世界,在阅读中增加知识积累,培养良好语感,丰富情感体验。开设有"绘本天地""儿童趣事""故事大王""畅游历史""走进名著""文采飞扬"等课程。

（三） 新雅写作

该课程以部编教材小学阶段各类文体的写作活动为依据,以学生成长经历为依托,鼓励具有真情实感、富有创意地表达,让学生在写作中锻炼创造性思维,在文字滋润下,放手让学生表真心、言真情、说真话、做真人。开设有"图文并茂""身边故事""探索发现""奇思妙想""佳作有约""成长文集"等课程。

（四） 新雅交际

该课程通过创设真实情境和潜移默化的训练,锻炼学生倾听、表达、转述、交流、宣讲的能力,使学生形成与世界打交道的方式,收获交流的乐趣,培养学生的爱国情怀。开设有"合作艺术""心灵手巧""童眼看世界""生活万花筒""我说你听""唇枪舌剑"等课程。

（五） 新雅探究

该探究活动有助于促进学生听、说、读、写能力的整体发展,陶冶学生情操,培养学生思维,拓宽学生视野,紧密结合书本学习与综合实践,培养学生策划、组织、协调、实施的能力。开设有"识字大王""动物百科""动手学科学""诗画之美""行动之美""艺术赏析"等课程。

二、学科课程设置

"新雅语文"以课程目标的达成和核心素养的落实为出发点,在国家课程基础上，进行"新雅语文"课程设置(见表1-2)。

表1-2 "新雅语文"课程设置表

年级	内容	新雅识写 课程名称	新雅识写 课程内容	新雅阅读 课程名称	新雅阅读 课程内容	新雅交际 课程名称	新雅交际 课程内容	新雅写作 课程名称	新雅写作 课程内容	新雅探究 课程名称	新雅探究 课程内容
一年级	上期	汉字闯关	拼音游戏一课一歌	绘本天地	绘本阅读	合作艺术	介绍自我	图文并茂	看图写话	识字大王	生活识字
一年级	下期	汉字闯关	识字写字大闯关	绘本天地	童心诵童诗	合作艺术	我们来合作	图文并茂	小手绘我心	识字大王	故事大王
二年级	上期	词海世界	字典带我学汉字	儿童趣事	故事真神奇	心灵手巧	做手工	身边故事	故事大王	动物百科	动物小百科
二年级	下期	词海世界	词语世界真精彩	儿童趣事	童年欢乐多	心灵手巧	长大后的我	身边故事	我的朋友	动物百科	走,一起看世界
三年级	上期	趣味汉语	有趣的多音字	故事大王	童心童话	童眼看世界	我来当导游	探索发现	观察日记	动手学科学	秋日私语
三年级	下期	趣味汉语	一词多义	故事大王	寓言故事	童眼看世界	我眼中的世界	探索发现	节日风俗	动手学科学	神奇的实验
四年级	上期	汉字艺术	书法艺术	畅游历史	神话传说	生活万花筒	环保小使者	奇思妙想	发明我最行	诗画之美	诗配画
四年级	下期	汉字艺术	汉字的演变	畅游历史	历史故事	生活万花筒	新闻小主播	奇思妙想	故事新编	诗画之美	轻叩诗歌大门
五年级	上期	我爱汉字	熟识字理	走进名著	快速阅读	我说你听	民间故事大讲堂	佳作有约	写说明文	行动之美	感恩父母
五年级	下期	我爱汉字	趣味识字	走进名著	品读三国	我说你听	每日新闻	佳作有约	写读后感	行动之美	文化遗产之旅
六年级	上期	汉字英雄	汉字大赛	文采飞扬	"忆"童年	唇枪舌剑	小小演说家	成长文集	校园小说	艺术赏析	音之韵
六年级	下期	汉字英雄	小小书法家	文采飞扬	科技与梦想	唇枪舌剑	秀出自我	成长文集	童年印记	艺术赏析	中华诗词

三、课程内容

"新雅语文"为学生提供了丰富多样的课程内容,使学校课程体系更合理,学校特色更鲜明,具体课程目标及课程要点(见表1-3)。

表 1-3 "新雅语文"课程内容表

年级	学期	课程名称	学习目标	学习要点
一年级	第一学期	汉字闯关	1. 在游戏中拼读巩固音节,激发学习汉语拼音的兴趣。 2. 根据图画编儿歌,强化识记字母,增强学习拼音的趣味性。 3. 在儿歌拼读中运用、巩固拼音,达到熟练拼读的目的。	1. 字母手指操。(手指根据字母形状做出变化,强化字母识记) 2. 儿歌我会编。(观察情境图,口头编儿歌,激发学习兴趣) 3. 儿歌大闯关。(诵读儿歌,熟练掌握拼读)
		绘本天地	1. 激发阅读兴趣,初步养成阅读习惯,体验读书的乐趣。 2. 培养读图和阅读简单文字的能力。 3. 在快乐绘本阅读中锻炼听说能力。	1. 共读好时光。(师生一起读绘本,体验读书的乐趣) 2. 绘本故事小能手。(在家长和老师的帮助下,班级进行绘本故事朗读) 3. 绘本故事推介会。(介绍自己喜欢的绘本,说说喜欢的理由)
		合作艺术	1. 能向他人作简单的自我介绍,并能引起话题。 2. 知道与人交谈时的基本交际原则和交际礼仪。 3. 锻炼交际能力,实现交际需求。	1. 小小模拟会。(根据交际情境图,能主动到想交往的同学面前,模拟做自我介绍) 2. 交际小电影。(观看交际小视频,了解交际方法和原则) 3. 交际小能手。(分组进行自我介绍,并能引起话题)
		图文并茂	1. 学习有顺序地观察图片,锻炼观察能力。 2. 根据图片内容进行想象,锻炼想象能力。 3. 根据图片内容,进行说话练习,锻炼说话能力。 4. 把观察到的内容有条理地记录下来,初步锻炼写话的能力。	1. 火眼金睛。(有顺序观察图片,对画面内容有清晰的认识) 2. 词语美容师。(根据图画内容,轮流说词语) 3. 连词成句。(用学过的词语说出通顺的句子) 4. 写话我能行。(根据图画内容,按照一定的顺序,写一句通顺的话)
		识字大王	1. 采用多种方法认识自己搜集到的汉字,体会识字的乐趣。 2. 指导从生活中自主识字的方法,提高识字能力,培养识字习惯。 3. 体会识字的重要性,知道汉字与人们的生活和学习密不可分。	1. 游戏变变变。(采用表情、动作、谜语、看图等多种游戏方法识字) 2. 巧手巧记字。(展示搜集生活中遇到的汉字,比如食品包装袋、报纸、纸箱等上面的字,用剪一剪、贴一贴的方式记录) 3. 识字擂台赛。(举行班级识字擂台赛,激发识字兴趣)

年级	学期	课程名称	学习目标	学习要点
第二学期		汉字闯关	1. 喜欢学习汉字，有主动识字、写字的愿望。 2. 掌握多种识字方法，并能在生活中积极运用。 3. 掌握汉字的基本笔画和常用的偏旁部首，能按笔顺规则写字，把字写得正确、端正、整洁。 4. 初步养成良好的写字习惯，写字姿势正确。 5. 乐于独立识字，能借助汉语拼音认读汉字。	1. 巧思妙记。（抓住典型的字，交流识字方法） 2. 小青蛙过河。（设计识字闯关游戏，在快乐中识字） 3. 森林小医生。（利用形近字和易错字，设计成小游戏，找出来并改正） 4. 我是小小书法家。（开展书写比赛，每次的优秀作品展示到班级写字专栏）
		绘本天地	1. 学会借助汉语拼音读短小的童诗。 2. 通过对各种类型童诗的欣赏、诵读，并尝试创作，激发学生对童诗的学习兴趣。 3. 通过诵读同学创作的童诗，初步激发创作童诗的兴趣。	1. 欣赏会。（欣赏、诵读简单的童诗） 2. 童诗朗诵会。 3. 我是小诗人。（学习写童诗的方法，尝试写诗） 4. 小荷才露尖尖角。（收集、展示童诗作品）
		合作艺术	1. 能认真倾听别人讲话，抓住重点。 2. 会清楚地表达自己意愿，并能使用礼貌用语。 3. 培养合作意识。	1. 一起来游戏。（创设情境，课间邀请同学来一起做游戏） 2. 你能帮我吗？（创设情境，请求同学或别人来帮忙） 3. 打电话。（创设情境，给同学或朋友打电话）
		图文并茂	1. 提高阅读绘本的兴趣。 2. 激发想象力、创造力，培养思维能力。 3. 在阅读绘本过程中潜移默化地受到感染熏陶，提高语文能力。 4. 培养读图和阅读简单文字的能力，积极向纯文字阅读过渡。	1. 绘本吧。（欣赏绘本故事） 2. 我有一双小小手。（用自己的小手绘制一个小故事，可以是一幅画也可以是几幅画组成，可以不带文字） 3. 我是配文小高手。（把前期绘制的不带文字的图画配上文字，讲给同学听）
		识字大王	1. 阅读、欣赏浅显的童话和寓言故事。 2. 欣赏故事、讲故事，继续感受阅读、讲故事的乐趣。 3. 培养良好的阅读习惯和口语交际能力，学会倾听，学会交流。	1. 小小故事会。（利用多媒体讲故事或读故事） 2. 接龙。（根据提供的故事开头，积极思考，续编一个完整的故事） 3. 故事大王争霸赛。（开展讲故事大赛）

年级	学期	课程名称	学习目标	学习要点
二年级	第一学期	词海世界	1. 掌握部首查字法,遇到独体字用确定首笔为部首的方法来查字典。 2. 通过学习部首查字法,懂得在阅读时遇到不认识的字,可以采用部首查字法的方法来解决。	1. 部首的家。(认识部首目录,发现排列规律) 2. 寻找王冠。(确定汉字的部首) 3. 轻装上阵。(确定除去部首外的笔画数) 4. 查字达人。(部首查字法比赛)
		儿童趣事	1. 通过观察图书封面,知道书名和作者等基本信息,敢于大胆猜测故事内容。 2. 自主阅读童话故事,了解主要内容。 3. 交流保护图书的方法,认识爱护图书的重要性。	1. 探索封面。(观察图书的封面,分享封面信息) 2. 看书名猜故事。(猜想故事内容) 3. 图书管理小当家。(介绍爱护图书,保护图书的方法) 4. 童话故事分享会。(分享童话故事书)
		心灵手巧	1. 展示自己的手工作品,按顺序讲述制作过程,将主要意思表达清楚。 2. 做到专心听、静心听别人的介绍,在听的过程中,记住主要信息。	1. 我的手工作品。(分享最得意的手工作品) 2. 我教你学。(介绍手工作品的制作过程) 3. get 新技能。(交流自己学到的手工制作方法)
		身边故事	1. 按顺序观察图画内容,了解图意。 2. 展开想象,续编故事,用几句话把故事写完整。	1. 话说图意。(按顺序介绍画面内容,讲好故事开头) 2. 奇思妙想。(小组内交流自己猜想的故事内容,互提建议) 3. 精彩续编。(用几句话把故事续编完整)
		动物百科	1. 介绍动物的有趣之处,做到吐字清楚。 2. 认真倾听别人的介绍,不明白的地方,可以有礼貌地提问或补充。 3. 通过查找资料,搜集、了解更多有趣的动物。	1. 猜猜它是谁。(根据动物特点,猜动物名称) 2. 动物大聚会。(针对动物特点,进行分类) 3. 百科小能手。(制作动物卡片,开展班级交流会)
	第二学期	词海世界	1. 有主动积累词语的愿望。 2. 联系语言环境和生活实际,理解词语意思。	1. 词语分享大会。(分组进行词语汇总) 2. 你说词语我来猜。(联系上下文或结合生活实际理解词语意思) 3. 运用词语我能行。(选择词语进行说话练习)

年级	学期	课程名称	学习目标	学习要点
三年级		儿童趣事	1. 感受阅读儿童故事的乐趣。 2. 坚持阅读，养成良好的阅读习惯。 3. 针对故事中感兴趣的内容，组内分享交流。	1. 大家一起读。（组内进行儿童趣事分享） 2. 小小故事家。（儿童故事分享比赛） 3. 我的趣事。（分享生活中的趣事）
		心灵手巧	1. 想象自己长大后的样子，简单介绍。 2. 听明白同学对于未来的畅想，对在聆听过程中的疑问提出自己的想法，积极参与交流。	1. 长大后的我。（小组内分享自己长大后想做什么） 2. 未来畅想会。（班级内介绍长大后的我） 3. 心愿便利贴。（给长大后的自己写一段话，与父母分享）
		身边故事	1. 将朋友的名字、外貌、特点等描述清楚。 2. 语句通顺完整，注意写话格式要求。	1. 我的好朋友。（组内交流自己的好朋友） 2. 写作我能行。（写一段介绍朋友的话，进行班级展示） 3. 猜猜他是谁。（通过人物特点，猜一猜写的是谁）
		动物百科	1. 通过小组交流，乐于探究自己感兴趣的内容。 2. 通过不同方式了解大自然，感受世界万物的新奇与神秘。 3. 分享自己的探究成果。	1. 世界之初。（收集感兴趣的大自然知识） 2. 探索奥秘。（组内分享自己的探究成果） 3. 我是小导游。（开展成果分享展示会）
	第一学期	趣味汉语	1. 将多音字进行分类整理。 2. 区分多音字的不同读音，在语境中正确运用。	1. 分类整理。（整理三年级上册识字表里的多音字，标清读音） 2. 区分意思。（理解多音字不同读音表达的意思是不同的，正确区分与运用） 3. 应用实践。（在语境中选择多音字正确的读音）
		故事大王	1. 通过阅读，感受童话丰富奇特的想象，初步认识童话文学体裁特点。 2. 把自己感兴趣的童话内容讲给别人听，从而加深对故事的理解。 3. 借助提示，发挥想象，编写童话故事。	1. 童心读童话。（听范读后，接龙读、分角色朗读等） 2. 童心讲童话。（讲自己最感兴趣或印象最深刻的内容） 3. 童心写童话。（发挥想象，编写童话故事）

年级	学期	课程名称	学习目标	学习要点
		童眼看世界	1. 结合图画或照片,选择自己感兴趣的一处"祖国河山",向大家介绍清楚,做到态度大方,声音洪亮。 2. 听别人讲述时,能有礼貌地回应,对自己不理解的地方能大胆提问。	1. 我来当导游。(口齿清晰、自然大方地向同学们介绍自己感兴趣的一处"祖国河山") 2. 我来当游客。(就自己不理解的地方对"导游"进行提问)
		探索发现	1. 持续观察一种植物、动物或一处场景,留意其变化。 2. 用写日记的方式记录自己的观察所得。 3. 展示观察所得,与同伴分享自己的观察感受。	1. 小眼睛大发现。(观察生活中的某种动物、植物或场景,发现其变化) 2. 小脑袋爱思考。(通过多种形式,探究变化的原因) 3. 小小手能记录。(用日记记录自己的观察和思考)
		动手学科学	1. 收集自己喜欢的秋天的"花""叶""果",在大自然中感受"秋天",受到美的熏陶。 2. 通过对自己喜欢的"秋天的事物"的研究,对"秋天"有更深刻的认识,从而喜爱秋天。	1. 收集秋天。(收集秋天的"花""叶""果") 2. 探究秋天。(探索"叶子在秋季变成红色或黄色"的原因;菊花等植物在秋季开花的原因及文化寓意;秋天的果实有哪些) 3. 展示秋天。(将探究结果以自己喜欢的方式进行展示)
	第二学期	趣味汉语	1. 认识汉语一词多义的现象,感受祖国语言文字的魅力。 2. 正确区分词语在语境中表达的意思。	1. 品读体会。(读例句,体会加点词语的意思) 2. 善于发现。(发现词语在不同语境中所表达的意思不同) 3. 迁移拓展。(创设新的语境,了解词语还表示其他意思) 4. 活学活用。(选择一个词语的某个意思练习说话)
		故事大王	1. 通过阅读,形成对寓言这种文学体裁的初步认识。 2. 通过讲故事,加深对故事的理解,内化故事语言,提高表达能力。 3. 联系故事内容和生活实际,理解寓言蕴含的道理,提高思辨能力。	1. 小组讲寓言。(在组内交流自己喜欢的寓言故事) 2. 全班讲寓言。(小组推选后,在班级内分享寓言故事) 3. 听寓言、明道理。(听完寓言故事后,分享自己受到的启发)

年级	学期	课程名称	学习目标	学习要点
		童眼看世界	1. 能在大自然中发现美,体会"美就在我们身边"。 2. 能将自己的发现,尝试用积累的恰当的词句进行描述,乐于和同学分享。	1. 发现美。(结合生活经验,说说我们的身边有哪些美的事物) 2. 表达美。(把自己有感触的事情写下来,积极与同学交流)
		探索发现	1. 采用多种形式收集祖国传统节日相关资料,及时记录相关风俗习惯。 2. 选择最佳表现方式以研究小组为单位展示学习成果。 3. 对其他小组的展示活动作出评价,提出改进建议。	1. 收集资料。(多种形式收集与"传统节日"有关的资料,如"时间""由来传说""风俗"等) 2. 筛选资料。(小组内筛选资料,确定研究方向) 3. 展示成果。(制作道具、幻灯片等向全班同学展示研究成果)
		动手学科学	1. 做一项科学小实验,记录清楚"实验名称、实验准备、实验过程、实验结果"。 2. 能够用上表示先后顺序的词语,把实验过程、自己做实验时的心情和有趣的发现写清楚。	1. 做实验。(做一项自己感兴趣的科学小实验,详细记录"实验名称""实验准备""实验过程""实验结果"以及自己做实验时的心情和发现) 2. 写过程。(用上表示先后顺序的词语,把实验过程、自己做实验时的心情和有趣的发现写清楚) 3. 分享。
四年级	第一学期	汉字艺术	1. 观察书写特点,养成提笔即练字的良好习惯。 2. 小组合作查阅资料,了解书法艺术的传承和发展,感受书法艺术的历史悠久、源远流长。	1. 我是小小书法家。(整行书写时能够做到把字的中心写在横格的中线上,注意字距均匀) 2. 字体我知道。(了解各种字体的艺术特点,能够辨析出篆书、隶书、行书等书法特点)
		畅游历史	1. 自主阅读中国神话和世界神话,了解故事内容,乐于阅读相关作品,产生阅读兴趣。 2. 做到边读边想象,感受神话的神奇。 3. 能感受阅读神话的快乐,乐于与大家分享课外阅读的成果。	1. 神话故事会。(学生通过动作、语言、神态、体会神话中的人物形象) 2. 思维导图助阅读。(画一画神话中的人物关系图,激发阅读兴趣) 3. 古诗里的神话。(通过读李商隐的《嫦娥》,把诗和《嫦娥奔月》的故事联系起来)

年级	学期	课程名称	学习目标	学习要点
		生活万花筒	1. 留意身边的环境问题,围绕话题进行交流,积极表达自己的看法,树立环保意识。 2. 认真倾听同伴的发言,并能判断别人的发言是否与话题相关。	1. 环保小建议。(全班进行讨论、筛选,学会归类整理) 2. 环保我先行。(交流"为了保护环境,我们可以做些什么",联系自己生活经历,打开思路,阐述想法和做法)
		奇思妙想	1. 发挥想象,写出想要发明的事物及特点。 2. 能够借助图示,清楚地介绍自己要发明的事物。 3. 能够根据别人的建议修改自己的习作。	1. 前沿发布。(介绍科学前沿的一些发明,拓宽思路,鼓励大胆想象) 2. 大家来找茬。(以"是否写清楚"作为评价标准,思考要发明的事物的样子、功能等方面是否写得清楚明了)
		诗画之美	1. 学习给古诗配画的基本构图方法,了解古诗配画的特点。 2. 提高创作古诗配画作品的兴趣,感受诗中有画的意境。	1. 吟诗作画。(选一首自己喜欢的古诗有感情朗诵,并配上有意境的图画) 2. 互评互赏。(选出优秀作品,学习欣赏他人优点,激发创作欲望)
	第二学期	汉字艺术	1. 认识不同的书法作品形式,感受书法之美。 2. 用思维导图展示汉字演变的过程,感受汉字演变的奇妙,培养热爱祖国文字的感情。	1. 制作精美书签。(选择自己喜欢的读书名言,工整美观地誊写在自制的书签上) 2. 魅力书法秀。(用不同的书法字体,写成书法作品,进行展览)
		畅游历史	1. 借助书中卡片提示的重要信息,讲自己最喜欢的历史人物故事。 2. 能用恰当的语气和肢体语言,把故事讲述生动。 3. 学会倾听他人讲故事,并进行补充、提问、点评。	1. 猜猜他是谁。(根据提供的线索,猜几个历史人物,营造口语交际的氛围) 2. 演故事。(编排课本剧,体现人物对话的语气、性格和身份) 3. 班级故事会。(小组推荐选手,其他听众点评,检查听的有效性)
		生活万花筒	1. 能讲述一则新闻,准确传达信息。 2. 能把新闻内容说得清楚、连贯,并发表自己的看法。 3. 在知道新闻事件的基础上,进一步提升对新闻事件的认识、思辨能力。	1. 制作新闻小卡片。(能够通过不同途径搜集新闻,注意新闻的时效性) 2. 我来当主播。(明确播报新闻的要求,小组内围绕新闻事件,展开讨论,发表各自看法等)

年级	学期	课程名称	学习目标	学习要点
		奇思妙想	1. 理清思路,能借助熟悉的故事展开丰富的想象,创编新故事。 2. 班级展开交流,鼓励配上插图,声情并茂地介绍给同学听。	1. 设想结局。(侧重训练通过设想故事不同结局,重新组合故事情节) 2. 展示作品。(通过手抄报、PPT展示创编的故事)
		诗画之美	1. 多渠道收集喜欢的现代诗歌并摘抄,通过阶段性交流,加深对诗歌的感受和体验。 2. 尝试通过续写、仿写等方式创作一首诗,表达自己的感受。 3. 能对自己收集的诗歌进行整理,与同学合编小诗集。	1. 创作诗歌。(写一首诗,题材不限,表达自己的真情实感) 2. 合编诗集。(初步学习整理资料的方法) 3. 诗歌朗诵会。(用合适的语气朗读,做到表情、体态自然大方)
五年级	第一学期	我爱汉字	1. 鼓励讲解字理识字方法,体会汉字表意的魅力。 2. 提高对语言文字的理解能力和审美能力。	1. 汉字故事。(明白汉字的由来,了解汉字的造字法) 2. 汉字变变变。(了解常用汉字的构字原理及其演变过程)
		走进名著	1. 阅读时做到注意力集中,不受外界干扰,不逐字推移,尽力扩大自己的视域,减少眼停次数。 2. 抓住阅读材料中的题目、文眼、中心句、关键词句,有重点地阅读。	1. 故事与感想。(用学过的速读法,读一篇文章,交流讲了一件什么事以及读后的感受) 2. 阅读能手。(利用阅读课组织学生快速阅读名著,总结表扬,再次感受速读的重要性)
		我说你听	1. 复述故事时做到讲具体、讲生动。用语言和动作,表现故事人物形象和情感,吸引他人。 2. 感受民间故事的神奇色彩,传承中国传统文化。	1. 故事长廊。(选用熟知的民间故事,通过小组讨论,提取故事关键词,对故事进行复述) 2. 情境再现。(分析人物性格,进入故事情境,体验人物情感)
		佳作有约	1. 学会收集资料,用恰当的说明方法,把某一事物介绍清楚。 2. 学会分段介绍事物的特征,学写说明文。	1. 出口成章。(设计"习作意向单",明确介绍什么,从哪方面介绍,使用什么说明方法,观察和搜集哪些资料) 2. 小小推销员。(开展"产品展示会""物品推销会")
		行动之美	1. 学会体谅父母对儿女的爱,并学会感恩父母。 2. 学会在日常行为中,用自己的实际行动孝敬父母。	1. 分享交流。(分享父母感人故事) 2. 爱的奉献。(给父母写信,并用实际行动回报父母)

年级	学期	课程名称	学习目标	学习要点
	第二学期	我爱汉字	1. 搜集字谜，开展猜字谜活动。 2. 搜集体现汉字趣味的资料，举办趣味汉字交流会。	1. 有趣的汉字。（查找体现汉字特点的古诗、歇后语、对联等） 2. 汉字交流会。（用搜集到的资料，制作手抄报，举办趣味汉字交流会。）
		走进名著	1. 走进三国故事，培养对古典文学的兴趣。 2. 通过成语、歇后语的积累，提高口语表达能力和搜集、整理资料的能力。	1. 你说我猜。（外貌识英雄，出示名著中外貌描写的片段，猜人物） 2. 心中的英雄。（根据书中的成语及相关的故事，向别人讲述）
		我说你听	1. 多途径收集新闻，可以清楚、连贯、准确地传达信息。 2. 养成关心国内外大事的习惯，具有热爱生活、乐于表达的生活态度。	1. 我来当主播。（说明新闻来源，讲清楚主要事件，说说自己对新闻的看法） 2. 新闻发布会。（小组内交流搜集的新闻，全班学生投票，选出"最佳新闻播报员"）
		佳作有约	1. 明确读后感的基本要求，初步掌握写读后感的基本方法。 2. 选择读过的一篇文章或一本书，写读后感。	1. 好书分享。（交流在课内、外读过的书籍或者文章，说说印象深刻的部分） 2. 畅所欲言。（交流总结，谈谈读后感想）
		行动之美	1. 通过参观、搜集、探究等一系列活动，养成善于观察、勤于思考、勇于探究的行为习惯。 2. 感受我国文化遗产的独特魅力，增强爱国之情。	1. 集思广益。（向全校师生宣传保护文化遗产，设计相关标语） 2. 我来当导游。（参与一次参观我国的文化遗产的社会实践活动）
六年级	第一学期	汉字英雄	1. 了解汉字的由来，认识汉字的演变过程。 2. 欣赏文字之美，丰富自己的词汇量。	1. 巧妙识字。（运用一些巧妙的方法进行记忆识记） 2. 听写词语。（根据读音和释义，规定时间内写出词语）
		文采飞扬	1. 回顾童年生活，发掘成长中印象深刻的材料。 2. 以写作的形式与同学们一起分享童年生活，共同成长。	1. 我的童年。（寻找童年中的精彩照片，讲述童年故事） 2. 唱响童年。（展开想象，创编一首童年诗歌）
		唇枪舌剑	1. 创造一个自我展示，自我挑战的舞台。 2. 大胆地自我表达，语言流畅自如，举止落落大方。	1. 秀出自己。（向同学们进行自我介绍，展示自己的风采） 2. 好书推荐。（向同学们介绍自己喜欢的一本书）

年级	学期	课程名称	学习目标	学习要点
		成长文集	1. 搜集整理素材,进行升华创作。 2. 鼓励学生大胆地表达,内容要有一定的意义。	1. 校园剧场。(通过自己的创作,进行编排剧本) 2. 小作家。(通过分享交流自己的作品,评选出优秀小作家)
		艺术赏析	1. 从音乐、绘画、戏曲等不同角度感受艺术的魅力。 2. 感受艺术之美,激发学生对传统文化的兴趣。	1. 趣听音乐。(搜集有关戏曲或中国古典音乐,感受艺术魅力) 2. 小小音乐家。(通过演奏,享受音乐之美)
第二学期		汉字英雄	1. 体会汉字之美,按照正确的书写格式进行书写,做到行款整齐,力求美观。 2. 学生搜集欣赏赵孟頫作品。	1. 佳作赏析。(搜集名家作品,欣赏书法艺术之美) 2. 挥毫泼墨。(现场书写,进行展示评比)
		文采飞扬	1. 展开想象,创编奇特而令人信服的科幻作品。 2. 借助相关的科学知识,在创编作品中发展创造性思维能力。	1. 科幻吧。(阅读科幻作品,赏析科幻电影) 2. 拥抱科幻。(合理想象,写一篇科幻小说)
		唇枪舌剑	1. 与人交流时做到尊重对方,乐于发表自己的意见,表达有条理,语气、语调适当。 2. 听人说话时,做到认真、耐心,能够恰当回应。	1. 妙语连珠。(根据对象和场合,稍作准备,作简单的发言) 2. 小小辩论会。(组织一场辩论赛,乐于参与讨论,敢于发表意见)
		成长文集	1. 运用学过的方法收集、整理材料。 2. 设计制作成长纪念册。	1. 回忆往事。(按照时间顺序回忆小学六年的往事) 2. 我的纪念册。(展示成长纪念册,交流设计思路,进行活动小结)
		艺术赏析	1. 积累古诗词,传承中国经典文化。 2. 背诵优秀古诗词,体味诗词中的情感。	1. 诗词大会。(班级中评选出诗词小达人) 2. 经典诵读。(学生通过配乐等形式,分组进行诵读比赛)

　　"新雅语文"课程体系将"新雅语文"课程分成了"新雅识写""新雅阅读""新雅写作""新雅交际""新雅探究"这五个部分,并据此完善了学科课程的设置,学科内容的选定。力求将语文的博大内涵以课程的形式向学生展现出来,为儿童的语文发展建构美好的图景。

第四节　引领儿童走进语文世界

《义务教育语文课程标准(2022年版)》强调语文的学习要："注重理解中华优秀传统文化蕴含的核心思想理念、中华人文精神和传统美德,表达自己作为中华民族一员的归属感和自豪感;体会中国共产党在长期奋斗历程中培育形成的崇高精神和人格风范,体认英雄模范忠于祖国和人民的优秀品质,培育民族气节和爱国主义情怀。"①"新雅语文"引领学生不断积累,完善自我,全面提升语文素养。"新雅语文"学科课程的实施主要从以下几个方面入手。

一、建构"新雅课堂",夯实语文课程基础

"新雅课堂"是以国家课程为基础,让学生广泛涉猎自然、社会、人文各方面的知识,培养学生的各种学习兴趣,吸取民族精粹,提升人文素养,拓宽国际视野的课堂。在课堂中引导学生对各种问题有所认识与了解。

"新雅课堂"立足课程标准要求,以提高学生的语文素养、促进人的全面发展为追求,把最有利于学生特长发展的内容融入课程,培养学生个性修养,陶冶情操,同时提升学生的审美能力和实践能力。

"新雅课堂"以国家课程为根本,宗旨是在拓展和延伸中加深国家课程的实施。从学生的发展需求出发,整合多种资源,努力构建"新雅语文"课程体系。建设符合我校语文学科实际的"新雅课堂",主要从基本要求、实施策略和评价提升三个方面开展活动。

(一)"新雅课堂"的基本要求

"新雅课堂"的基本要求需要做到以下几点。

教师不断更新自己的教学理念,走下讲台,和学生平等对话,和学生真诚交

---

① 中华人民共和国教育部. 义务教育语文课程标准(2022年版)[S]. 北京:北京师范大学出版社,2022:17.

流,根除满堂问,严禁一言堂。通过具体的教学活动,帮助学生认知、长智。在评价环节中,不但要让学生知其然还要知其所以然,评价不仅包括师评,而且更要有生评加自评,不但要量化而且还要质清。教师要创设轻松自由的教学氛围,以满足不同学生的学习需求。

开展丰富多样的教学活动,拓展学生语文视野,增厚学生文化积淀,提高学生的语文能力,促进学生语文素养的全面发展。教师重视学科资源的开发,充分利用教材,合理利用多媒体技术,注重教学环节的层次性、完整性,教学过程立体生动。

在教学过程中,教师教学方法灵活多样,注重情境的创设,营造和谐、民主、愉悦的教学氛围。在"新雅课堂"上教师要有教学思想,用思想备课、上课,让课堂有筋骨。对学生观察、思维、想象、表达能力的培养要贯穿全课,让课堂有活力。课堂要有阶梯性,从知识的建构—活动的设计—学力的变化,要顺坡而行,让课堂有生态。

求变与发展最终的落脚点是学生的生命成长。"新雅课堂"的教学定位是生命培育。为了让每一个生命饱满、茁壮地成长,必须先肥沃培育生命的土壤。课堂呈板块移植态势,在课堂上创设"有活力的情境"。这个情境要给学生带来情趣、带来挑战、带来求知欲,要有差异性的问题潜伏其中,让每一个学生都能有发现、有思考、有话语。

教学评价方式多样,充分利用丰富的评价激发学生学习兴趣,提升学生的语文素养、语文能力。设计"有空间的活动"经历学习,让学生调动多种感官参与,多种角度深入,多种方式交流,让知识、能力、素养、智慧一同走进生命,解决"有自主的问题"巩固提升,教师命题学生拓展,学生命题大家练习,让学生成为课堂的主体。

形成良好的语文学习习惯,拥有规范的行为习惯,善于观察、思考,与同伴合作,乐于表达个人见解,敢于质疑,勇于探究难题。

(二)"新雅课堂"的实施策略

"新雅课堂"的实施坚持以教科研为先导,以课例为载体,以观评课为抓手,以满足学生语文学习的真实需求为目的,朝着"新雅课堂"的核心目标逐渐探索出一条行之有效的大语文之路。"新雅课堂"的实施策略如下。

精心设计。教师精心设计或在学生中征集有探索空间、有展示学生创意可能、有引领学生判断、有综合学生个性发展的问题，让学生通过独立自主的思考、合作有效的研究、从容淡定的交流，获得交流碰撞的顿悟、头脑风暴的兴奋、合作联动的力量，历经全程的创造和成长。组建学习小组，梳理课堂内容，提出新的可研究性问题，作为课下小组作业，成为整体学习的重要链条。

坚持听课。语文教师在备课中学思考，在备课中学研究，张弛有度控课堂，这是我校对教师备课时必须坚守的规定，更是我们在课改中打造名师的支撑。独立备课和教研组集体备课，是教师课前行走的两条基本路径。我校语文教师每学期坚持听随堂课 20 节，做到随听、随评，发现问题及时反馈。每节听评课后，由听课教师根据"新雅课堂评价表"进行量化评分，这样就更有针对性地发现执教教师的问题，从而能够及时纠正，最大限度地保证学生的学习效果以及学习体验。

及时反思。听课评课结束之后，先由上课老师进行反思，大家通过议课，发现存在的问题。针对"新雅课堂"中出现的问题，备课组进行讨论并制定出切实有效的解决方案。另外，每两周举行一次语文学科教研活动，或由经验丰富的老师分享优秀的教学方法，或聘请教学专家来我校对老师进行专业的答疑解惑，或共同学习先进的教学理念，以提升老师们的专业素养。

上好"三课"。为了让青年教师迅速成长，并融入"新雅课堂"的教学中，我校积极开展了"骨干教师引领课""新进教师展示课""师徒结对成长课"等教学活动，促使"新雅语文课堂"在全校范围内的全面实施，并使其向更高的层次迈进。依据学科内核或单元特点，以小组为单位，自主收集、加工、处理相关信息，并有适度的拓展和深入。引领学生开阔视野，积极判断；博观约取，学会选择；珠联璧合，学会联系。以教师专业发展目标为重点，制定规划，落实到人，使每个教师专业发展方向明、任务清。学校在"导师制"培养基础上，制定了"校本研训五年规划""校本研训实施方案""教师发展行动计划""青年教师及骨干教师培养规划及实施方案""名师工程培养梯队规划""师徒帮教计划"等，引领教师成长。

（三）"新雅课堂"的评价要求

依据"新雅课堂"的内涵，我们设计"新雅课堂"评价量表，以量化的方式对课堂进行评价。听评课后，由听课教师填写评价表交给执教教师，并作为教师成长足迹的重要组成部分,通过评价量化分数曲线图的绘制,记录教师课堂教学成长的过程(见表1-4)。

表1-4 "新雅课堂"教学评价表

评价项目	评 价 标 准	评价等级			
		A	B	C	D
目标内容	能够渗透思想道德教育,培养创新精神和合作精神				
	培育热爱祖国语言文字的情感,能够养成良好的语文学习习惯				
	在发展语言能力的同时,发展思维能力				
	进行探究性学习,在实践中学习和运用语文				
活动过程	教学活动丰富多样,符合学情				
	多媒体技术运用有效、恰当				
	注重情境创设,关注课堂生成				
	立足培养学生学习语文的兴趣,提高综合素养				
课堂效果	根据教材特点和课型特点合理设计,对教材有创造性地处理和使用				
	课堂设置发散性、探索性问题,能够产生深入学习的欲望				
	竞争和合作意识得到增强				
	综合能力得到全面发展				
评价意见与建议					
备注	A:完全达到 B:基本达到 C:部分达到 D:少量达到或未达到				

二、设立"新阅读文化节",激发学习语文兴趣

"新阅读文化节"是基于新雅课程理念而开展的一种长期有效的阅读活动,它以世界读书日为契机,以研究性阅读为主题。

"阅读是学生搜集和处理信息、认识世界、发展思维、获得审美体验的重要途径。"①活动开展要有要求、有策略、有评价,每年一个主题,保证了活动实施的有效

① 李莉莉.以阅读活动促进中小学生综合素养的提升[J].教育理论与实践,2012,32(22):57.

性和延续性。

（一）"新阅读文化节"的基本要求

为营造浓郁的书香氛围，以形式多样的阅读活动推进校园文化建设，打造书香校园，让每一个孩子都能爱上阅读，我们提出了下面六点要求。

巧言。教师鼓励用普通话正确流利地分享阅读感悟，学生积极展现自己，进行自我表达，通过诵读活动提高学生的语言组织能力和表达能力。

善思。开展丰富多样的研究性阅读活动，在研究过程中教师引导学生进行反思，讨论更好的阅读方法和感悟，引导学生从阅读中善学善思。

乐读。通过"新阅读文化节"的相关活动，调动学生对阅读产生更大的兴趣和热情，从而坚持阅读习惯。

博学。教师借此活动，积极补充自己，成为学识渊博、造诣精深的教育者，为教育教学打下厚实的基础，全面提升自身的综合素质。

雅正。鼓励家校合作，共同为学生提供浓厚的校园阅读氛围，并通过活动的展示引领学生向积极正能量方向发展，以规范、典雅、方正的态度做人。

笃行。"读万卷书，行万里路"，阅读要与练笔相结合才能不断提升孩子的语文能力，既然学有所得，就要努力践行所学，使所学最终有所落实，做到"知行合一"。

（二）"新阅读文化节"的实施策略

"新阅读文化节"的实施以教科研为先导，以阅读活动为载体，以研究性阅读为抓手，以调动学生的阅读能力，以提高语文素养为目的，朝着新阅读文化节的核心目标逐渐探索出一条行之有效的阅读提升之路。新阅读文化节的实施策略如下：

准备阶段：制定翔实可行的新阅读文化节活动方案；举行新阅读文化节启动仪式，以有仪式感的方式打开新阅读文化节的大门。同时优化校园文化环境，丰富师生精神生活，带动教师、学生、家长参与新阅读文化节活动，努力为学生、教师打造一个书香校园，形成内涵丰富、特色鲜明的校园文化。

活动阶段：开展研究性阅读活动，鼓励家长与孩子一起参与研究，养成阅读好习惯。结合主题进行各班级场馆布置，学生分组进行阅读成果汇报。开放日当天展示以各班级为单位，学生在各自的场馆中把自己的研究成果以汇报的形式进行展示，可以是制作 PPT、演讲、实物展示、手抄报、优秀书签、优秀读书笔记、辩论赛、班内跳蚤市场、表演等方式。

评比总结阶段：新阅读文化节闭幕式。学校领导进行总结，评出"班级阅读之星""书香班级""书香家庭"评选年级"优秀成果奖""最佳场馆奖""优秀案例"等活动的前三名进行表彰。

（三）"新阅读文化节"的评价要求

"新阅读文化节"的评价既关注研究性学习的整个过程，又关心学生的收获感悟，以激励性的评价为主，让学生感受到阅读的快乐（见表1-5）。

表1-5　"新阅读文化节"的评价表

评价项目	评 价 标 准	评价等级			
		A	B	C	D
目标内容	活动全程用普通话交谈，语言表达自然清晰				
	活动中需要诵读的环节需声情并茂，富有韵味				
	活动中涉及到讲故事的环节，需具体生动				
	针对阅读活动中生动优美的语言、人物的命运、阅读感受等展示文字作品				
活动过程	活动中认真倾听，如有不理解的地方礼貌向人请教				
	诵读过程中参与想象，领悟诗、文大意				
	活动作品内容丰富，富有表现力				
	活动中精神饱满，富有朝气				
活动效果	通过此活动，愿意与人分享更多的好作品				
	拥有良好的阅读态度，养成良好的阅读习惯				
	乐意与他人分享阅读感悟				
	能够以书面形式展现阅读效果				
评价意见与建议					
备注	A：完全达到　　B：基本达到　　C：部分达到　　D：少量达到或未达到				

三、倡导"新雅学习"，促进语文学习方式变革

"新雅学习"是以调动学生学习的积极性和主动性、促进学生语文素养全面提

升的学习过程。它包括基本要求、实施策略、评价提升三个方面。

（一）"新雅学习"的基本要求

《义务教育语文课程标准（2022年版）》指出："语文课程致力于全体学生核心素养的形成与发展，为学生学好其他课程打下基础；为学生形成正确的世界观、人生观、价值观，形成良好个性和健全人格打下基础；为培养学生求真创新的精神、实践能力和合作交流能力，促进德智体美劳全面发展及学生的终身发展打下基础。语文课程在推广营及国家通用语言文字、增强凝聚力、铸牢中华民族共同体意识，建立文化自信、培育时代新人，实现中华民族伟大复兴等方面具有不可替代的优势，语文课程的多重功能和奠基作用，决定了它在九年义务教育中的重要地位。"①

（二）"新雅学习"的实施策略

经典诵读。开展晨诵、阅读课、古诗文经典诵读活动，如"古诗文朗诵""古诗接龙"等活动，引导学生丰富语言积累，用普通话正确、流利、有感情地朗读课文和古诗文。

识字与写字。开展有趣的识字、写字游戏和比赛，开设"拼音游戏""识字、写字大闯关""汉字书写大赛"等课程，广泛识字、规范书写、提高识字量，培养正确的写字姿势和良好的书写习惯。

阅读品味。运用多种阅读方法，在阅读中体会作者思想感情，初步领悟文章基本表达方法。在交流和讨论中，敢于提出看法，作出自己的判断。开展学校特色读书节。开设"绘本天地""儿童趣事""童心童话""神话传说""民间故事""回顾历史"等课程。

口语交际。以教材练习中的口语交际为脚本，通过师生、生生等活动组织教学，发展合作精神。与人交流能尊重和理解对方。乐于参与讨论，敢于发表自己的意见。表达有条理，语气、语调适当。能根据对象和场合，做简单的发言。注意语言美，抵制不文明的语言。开设"合作艺术""心灵手巧""寓理于言""旅行计划"等课程。

---

① 中华人民共和国教育部. 义务教育语文课程标准（2022年版）[S]. 北京：北京师范大学出版社，2022：2.

写作表达。以部编教材中小学阶段各类文体的写作活动为依据,以学生成长故事为辅助。开展"故事大王""我的朋友""观察日记""我眼中的世界""读后感"等写作比赛,养成留心观察周围事物的习惯,有意识地丰富自己的见闻,积累习作素材。

综合性学习。开设"生活识字""动物百科""诗画之美""每日新闻""大美河南"等课程。利用图书馆、网络等信息渠道获取材料,尝试写简单的研究报告;策划简单的校园活动和社会活动。初步了解查找资料、运用资料的基本方法。

(三)"新雅学习"的评价要求

为向学生生活的各个领域开拓、延展,全方位地与他们的学校生活、家庭生活和社会生活有机结合起来,把语文同育人有机结合起来,把传授语文知识同发展语文能力、发展智力素质和非智力速记有机结合起来,使学生接受全面整体的、强有力的培养和训练(见表1-6)。

表1-6 "新雅学习"评价标准表

评价项目	评 价 标 准	评价等级			
		A	B	C	D
经典诵读	用普通话正确、流利、有感情地朗读课文				
	联系上下文和自己的积累,推想课文中有关词句意思;背诵优秀诗文				
识字写字	有较强的独立识字能力,累计认识常用汉字3 000个左右,其中2 500个会写				
	写字姿势正确,有良好的书写习惯				
阅读品味	在阅读中了解文章表达顺序,体会作者思想感情,初步领悟文章基本表达方法				
	阅读叙事性作品,了解事件梗概,说出自己的感受				
	阅读诗歌,能想象诗歌描述的情境,体会作品的情感				
	受到优秀作品的感染和激励,向往和追求美好的理想				
	阅读说明性文章,能抓住要点,了解说明方法				
	阅非连续性文本,能从材料中找到有价值的信息				

评价项目	评 价 标 准	评价等级			
		A	B	C	D
口语交际	与人交流能尊重和理解对方。乐于参与讨论,敢于发表自己的意见				
	表达有条理,语气、语调适当。注意语言美,抵制不文明的语言				
写作表达	养成留心观察周围事物的习惯,有意识地丰富自己的见闻,积累习作素材				
	能写简单的记实作文和想象作文,内容具体,感情真实				
综合性学习	利用图书馆、网络等信息渠道获取材料,尝试写简单的研究报告				
	策划简单的校园活动和社会活动。初步了解查找资料、运用资料的基本方法				
评价意见与建议					
备注	A:完全达到　　B:基本达到　　C:部分达到　　D:少量达到或未达到				

四、建设"新雅社团",享受语文学习的快乐

"新雅社团"是为调节学生的学习生活,巩固语文课堂知识、拓宽视野、调动学生对语文学习的兴趣,活跃学生的思维角度而开展的社团活动。我校成立了经典古诗词诵读社团、影视赏析社团、诗之画社团等众多优质语文学习社团,为学生搭建了一个展示自己的平台,为学生提供多样化、个性化的自由展示空间,让学生张扬个性,在不知不觉中享受语文学习带来的快乐,同时让学生获得审美体验,从而树立正确的人生观和价值观。

（一）"新雅社团"的基本要求

社团不仅有多样的基础类和嵌入类课程,而且也增加了丰富的拓展性课程,如大美河南(豫剧)等,为学生提供了展示自我的机会和舞台。开学初,各个社团的老师根据本年级的结构特点选定本学期的社团课程,各班主任发布,学生自愿报名,以尊重学生为前提,经过各方面的协调,最终确定社团的任课教师以及学生

名单。

（二）"新雅社团"的实施策略

学校经过反复研究与论证,结合校内外设施与人力资源,多措并举,努力开展好社团活动。

课前精心准备。精彩的课堂来自于精心的准备,精心准备是上好一堂课的必要前提和重要保证。课前准备主要遵循以下原则:(1)趣味性原则。只有使学生对所学的东西产生兴趣,才能产生积极探索某种事物或从事某种活动的意识倾向。(2)启蒙性原则。小学生还在知识的积累时期,根据他们的年龄、认识水平和具备的科学文化层次,遵循一般认识规律,做到由浅入深、由易到难、由具体到抽象、积少成多。(3)主体性原则。促进学生认知因素和非认知因素的发展,形成乐学和会学的符合现代化教育要求的能力,以适应社会发展的需要,这是教育的根本目的,而以学生为主体,主动参与到学习活动中是实现这一目的的途径。在研究中,把学生看作学习和活动的主人,让他们经历知识的探求过程,创造自我发展、互相交流评价的机会,重视学生个性发展。(4)发展性原则。不仅着眼于学生的基础,还要超越基础,着眼于学生的长远发展,既不偏废基础知识、基本技能的培养,更要注重发展学生的个性特长,开发学生的智力和非智力因素,培养他们良好的心理素质,开发他们的创新潜能,为学生的成长提供发展的机会。(5)创新性原则。"新雅社团"注重学生创新方法、创新思维的培养,激发学生的创新潜能,促进学生的发展。(6)多维整体性原则。打破封闭式教学模式,建立生动活泼的全方位开放的教学体系。

追求最佳效果。明确社团课程的重点、难点、能力点和教育点。按照备课"六原则",安排好每个社团课程内容的容量、广度和深度。安排好教学步骤,优化教学方法,注重学法指导,发挥学习主体作用,善于运用现代化教学手段,谋求课堂最佳效果。

课后反思得失。把社团活动过程中达到预先设想的目标、良好的方法、创设的生动有效的情境、学生学习积极性的充分调动、恰当的手段等,及时反思,并用文字记录下来,经验积少成多,并在此基础上不断改进和完善。把社团活动中不够理想的效果、不够灵活的方法、不够科学的策略、缺乏深入思考的情境创设、沉闷的气氛、不恰当的教学评价、处理突发事件的失误等,总结记录下来,并及时查找这些失败的原因,进而总结经验和教训。

(三)"新雅社团"的评价要求

"新雅社团"活动,激发了学生学习语文的兴趣,陶冶了情操,磨炼了意志,增进了同学之间的互动合作。我们的评价方式,有记录活动过程中学生各方面表现的量化评价表,以及面向学生的社团问卷调查,了解学生对社团的意见和建议,便于教师把握社团后期发展方向(见表1-7)。

表1-7 "新雅社团"的评价标准表

评价项目	评价标准	评价等级			
		A	B	C	D
过程评价	社团管理制度切实可行,活动计划合理、周密、翔实、可操作性强				
	活动主题突出、内容丰富、形式有创新				
	活动点名及时,社团花名册记载翔实				
	活动组织井然有序,学生学习氛围浓厚				
	活动过程中的照片及学生展现的作品保存完整				
	活动指导有针对性,有趣味性,学生满意度高				
	每次活动有备课,备课内容详细并有系列性,每次活动结束后有相应的书面总结、反思、评价				
成果展示评价	展示形式新颖丰富,气氛热烈				
	内容符合社团特点,全面完善,有创造性				
	活动小组分工合理,合作有序				
	有借鉴价值的总结反思,针对性强				
备注	A:完全达到 B:基本达到 C:部分达到 D:少量达到或未达到				

五、推进"新雅实践",提升语文实践能力

"新雅实践"是通过动手制作、社会调查等形式来开展语文教学的课程,也是语文教学活动的重要一环。《义务教育语文课程标准(2022年版)》指出:"语文课程资源包括课堂教学资源和课外学习资源,图书馆、博物馆、自然风光、文物古迹、风俗民情,国内外的重要事件,学生的家庭生活,以及日常生活话题等也都可以成

为语文课程的资源。"这些丰富的资源,为我们开展语文综合实践活动,引导学生进行探究性的学习提供了丰盛的契机。

(一)"新雅实践"的基本

各地区、各个场所都蕴藏着多种语文课程资源。学校有强烈的资源意识,认真分析本地和本校的特点,充分利用已有的资源,积极开发潜在的资源。学校积极创造条件,努力为语文教学配置相应的设备,还争取社会各方面的支持,与社区建立稳定的联系,给学生创设语文实践的环境,开展多种形式的语文学习活动;语文老师高度重视课程资源的开发与利用,创造性地开展各类活动,增强学生在各种场合学习语文、用语文的意识,通过多种途径提高学生的语文素养。

(二)"新雅实践"的实施

在课外实践课程中拓展语文实践能力。语文教材是学生语文学习的基础,内容多与我们的生活有着密切联系,作为语文教师不仅注重语文知识的合理拓展与延伸,还有各学科知识之间的合理迁移和渗透。为此,我校教师依托教材文本,结合校德育处开展了丰富多彩的课外实践活动,例如,以年级为单位前往长寿山"熊孩子基地",让学生聆听自然、体验生活,亲手制作香包,学习传统手工文化,感受先人智慧,深入理解教材中中国传统文化对世界产生的深远影响;校大河报小记者走进"颐顺轩"饭店,目睹大厨拉面的动作如行云流水,刀具轻盈斜切,黄瓜开而未断,犹如蓑衣。孩子们尽赏厨艺绝活,品国宴之美,目睹中国美食的烹饪技艺,感受中国饮食文化的博大精深。这一系列实践类课程大大提高了学生学习语文的能力。

在课外阅读中拓展语文实践能力。课外阅读是课堂的延伸和拓展。《义务教育语文课程标准(2022年版)》强调,语文教学的思辨性阅读与表达"旨在引导学生在语文实践活动中,通过阅读、比较、推断、质疑、讨论等方式,梳理观点、事实与材料及其关系;辨析态度与立场,辨别是非、善恶、美丑,保持好奇心和求知欲,养成勤学好问的习惯;负责任、有中心、有条理、重证据地表达,培养理性思维和理性精神"。[①] 打造轻松愉悦的读书氛围,是促进学生参与阅读的一个因素。我们依托学

---

① 中华人民共和国教育部. 义务教育语文课程标准(2022年版)[S]. 北京:北京师范大学出版社,2022:29.

校"打造书香校园"的办学理念,积极实施读书计划,大力开展广泛而深入的读书活动。例如,分年级段选取了《古诗接龙》《三字经》《弟子规》《今日诵》等中华经典,通过整整一个学年的诵读,引导学生积累大量经典古诗词,学期末开展"诵中华经典 做优雅学子"诵读比赛;学校每年投资补充图书馆图书,利用图书资源,指导学生阅读适当的读物;还利用学生手中的图书资源在每班建立图书角,实现真正的资源共享。我校一年一度的"新阅读文化节"活动大力提倡开展亲子阅读活动,在每班评选"书香家庭""阅读之星",并把学生与家长共同阅读的温馨画面拍照留念,制作"书香家庭"展板,鼓励每个家庭都能成为"书香之家"。此外,教师开发了"诗之画""古诗词鉴赏""语文课本中的影视欣赏""配音秀"等阅读拓展类课程,让学生从课内走向课外,把课外阅读的书籍,又引入课内,和同学们进行积极的交流,开展汇报展示活动,在展示中再创作,不断激发和培养了学生阅读的兴趣。

(三)"新雅实践"的评价

为推动我校"新雅实践"的开展,我们设计了符合"新雅实践"的评价表,以量化的方式对课外实践课程进行评价。每次活动时,执教教师把本学期学生的课外实践课活动要求、情况详细列举(见表1-8)。

表1-8 "新雅实践"的评价标准表

课题		指导教师			
评价项目	评 价 标 准	评价等级			
		A	B	C	D
目标内容	通过课外实践获得亲身参与实践的积极体验和丰富经验				
	通过实践活动形成从生活中主动发现问题、提出问题、探究问题并独立解决问题的态度和能力				
	能够在活动过程中形成对自然、社会、自我的内在联系的整体认识				
	通过课外实践和课外阅读发展实践能力、对知识的综合运用和创新能力				
	通过活动的开展养成合作、分享、积极进取等良好的个性品质				

评价项目	评 价 标 准	评价等级			
		A	B	C	D
活动过程	能根据教学内容的需要,采用适当的课外实践组织形式激发学习兴趣与态度				
	实践活动的方法得当,能够体现探究式学习方式				
	注重实践丰富参与者的亲身体验,促进其自主学习和实践能力的发展				
	增强自主活动意识,充分发挥主体性,使其个性化的创造能力得到表现				
	互相学习,共同进步,提高交流与合作能力				
活动效果	自主思考、设计、操作和解决问题,有真实的学习体验				
	与人愉快协作交往,汇报交流主动大方,学会反思				
	拓宽知识面,扩大视野,提高综合运用知识的能力和掌握学习语文的方法				
	学习方法、方式多样,学会科学的研究方法				
	探究问题的能力和创新意识得到有效增强				
评价意见与建议					
备注	A:完全达到　　B:基本达到　　C:部分达到　　D:少量达到或未达到				

六、利用"新雅空间",营造浓厚学习氛围

所谓新雅空间,就是依托学校文化布置,充分利用学校空间布局、楼廊庭阁、墙壁文化等内容,营造浓厚的学习氛围。

（一）"新雅空间"的基本要求

在学校现有的阅览室、班级图书角基础上,鼓励孩子多读书、读好书,结合学校实际情况,在诗韵长廊设有古诗词展,在班级室外墙面上设名人名言和作品展示墙,在教室内设有作品展示栏,让每一个文字传递一种思想,让孩子在学校这块厚重的土地上自由呼吸、尽情舒展。

（二）"新雅空间"的实施

新雅空间的布局和设计，基于学校"新锐雅正"的课程理念，遵循学校建筑空间实际和学生学习、生活要求，充分利用各种空间特点，积极营造良好的阅读氛围，持续提升学生的语文素养。

设立专门阅读区域。建设教师阅览室、绘本吧等，基本满足师生阅读需求。在楼梯连廊设计阅读区域，供学生随时随地阅读。

建设班级阅读空间。全覆盖建设班级图书角，学校每个班根据各自实际，建设班级图书角，每班图书藏有量不少于 350 本，并定期更新。

打造校园诗韵长廊。结合学校楼梯建筑实际，以古诗词展为主要内容打造诗韵长廊，让学生随时感受书香文化的熏陶。

积极营造阅读文化。在校园里，在墙壁上挂起一幅幅木制的名人警句；在连廊上雕刻"知""礼""善"三个大字；在廊柱上精心雕刻配画古诗；在楼梯下面书写配画古诗，供学生随时阅读，通过日积月累的熏陶，提升学生阅读素养。在教室内，每个班级内设有作品展示栏，班级外墙也设有专门区域，用于展示阅读成果。

（三）"新雅空间"的评价

"新雅空间"设计和布局，达到了营造浓厚学习氛围，便于学生随时随地阅读的要求。"新雅空间"设计评价要求围绕学校阅览室建设、班级图书角建设、班级作品栏和教室外墙设计四个部分展开（见表 1-9）。

表 1-9 "新雅空间"的评价标准表

评价项目	评价标准	评价等级			
		A	B	C	D
学校阅览室	图书配备种类符合师生阅读需求				
	根据学生数量及图书损耗，及时更新图书，图书数量满足师生阅读需要				
	阅览室面向师生开放，满足阅读课程设置要求				
	阅览室环境布置优雅、大方				
班级图书角	班级图书角数量不少于 350 本				
	图书角图书摆放整齐				

评价项目	评 价 标 准	评价等级			
		A	B	C	D
	班级内有明确的图书角区域				
	图书角的图书均为正版图书				
	图书角图书配备符合本学段学生阅读实际				
	班级图书角面向学生开放				
	学生有明确的阅读时间				
	班级图书角每学期定期更新				
	图书更新率达到90%以上				
班级作品栏	更新及时				
	体现学生的阅读成果,提高学生阅读积极性				
教室外墙	更新及时				
	呈现学生阅读成果方式多样,对学生具有教育引导作用				
备注	A:完全达到　B:基本达到　C:部分达到　D:少量达到或未达到				

　　"新雅语文"课程的实施,为师生带来了前所未有的变化。一方面,教师在教育理念、教学方式及评价方式等方面有了新的转变。在深入挖掘教材潜在价值的基础之上,教师循循善诱,启发学生深入思考。课堂上,教师的角色也悄然发生变化,由过去的知识传授者转化为学生学习的促进者。在学习评价方面,教师更加关注学生的学习过程及存在的个体差异,通过采用不同的评价方式,及时调整、改进教学工作,努力实现学生的全面发展。"新雅语文"不仅改变了教师个体,而且也极大影响了整个教师群体。教师之间通过交流讨论教学方法,激发出前所未有的探索、求真精神。另一方面,学生由被动的知识接受者转化为主动的学习者,真正成为学习的主体,能够更加主动地思考、灵活运用所学知识,在亲身体验和探索中丰富语言积累,感受文化魅力。通过不断地学习,学生得以切实体会到探究的乐趣,在深入思考和交流讨论中做到"学中悟、悟中学",真正乐享语文之美。

　　（撰稿者:徐建梅　常霞　李健楠　万方园　马艳辉　华莉　王媛　曹瑞萍）

第二章
睿思数学:让思维之花绚丽绽放

　　数学是人类文化的重要组成部分。儿童每天生活在数学的世界里,与数字、运算、图形、统计等打交道,他们的学习是生动活泼、自觉主动和富有个性的活动过程。我们经常看到孩子们在解决问题时激烈地辩论、安静地思考、虚心地交流、激动地欢呼,不同的思维碰撞出的火花如礼花般绚烂,这时的孩子们徜徉在数学的世界里,感受数学之美,享受数学之乐。

郑州市管城回族区创新街小学数学教师团队现有 93 人，是一支专业水平过硬、教学经验丰富、职称年龄结构合理的队伍。数学团队中小学高级教师 5 人、河南省名师 2 人、河南省骨干教师 6 人、郑州市骨干教师 6 人、市名师 3 人、区名师 6 人、区骨干教师 18 人、区首席教师 2 人，我校有管城区小学数学李媛名师工作室和刘惠君名师工作室。为进一步深化学校数学学科课程建设，依据教育部《关于全面深化课程改革落实立德树人根本任务的意见》和《义务教育数学课程标准（2022 年版）》，学校推进了数学学科课程群建设，丰富了学生的数学学习生活。

第一节 让学习之旅精彩无限

　　小学数学课程的任务是培养学生最基本的数学素养,构建抽象知识与现实生活的联系体。基于《义务教育数学课程标准(2022年版)》,学校数学教师团队不断深化课堂改革,深入研究教材教法,开启了学生精彩的学习之旅。

一、学科性质和价值观

　　《义务教育数学课程标准(2022年版)》指出:"义务教育数学课程具有基础性、普及性和发展性。学生通过数学课程的学习,掌握适应现代生活及进一步学习必备的基础知识和基本技能、基本思想和基本活动经验;激发学习数学的兴趣,养成独立思考的习惯和合作交流的意愿;发展实践能力和创新精神,形成和发展核心素养,增强社会责任感,树立正确的世界观、人生观、价值观。"①

　　儿童的数学学习源于他们对数学现实的认知,这种认知与生活实际息息相关。这些现实中的数学既是小学数学课程建设的起点,也是学生数学知识掌握与运用的作用点。教师引导学生在学习中阅读、思考、表达、应用,引导学生用自己所学的知识对生活中的数学进行观察、思考、推理、建模,鼓励学生尝试动手实践,培养学生发散性思维,增强学生学习数学的热情,让思维之花绚丽绽放。

二、学科课程理念

　　《义务教育数学课程标准(2022年版)》阐述:"教学活动应注重启发式,激发学生学习兴趣,引发学生积极思考,鼓励学生质疑问难,引导学生在真实情境中发现问题和提出问题,利用观察、猜测、实验、计算、推理、验证、数据分析、直观想象等方法分析问题和解决问题。"②

---

① 中华人民共和国教育部. 义务教育数学课程标准(2022年版)[S]. 北京:北京师范大学出版社,2022:1.
② 中华人民共和国教育部. 义务教育数学课程标准(2022年版)[S]. 北京:北京师范大学出版社,2022:3.

基于以上思考,学校数学学科课程理念确定为"睿思数学"。"睿思数学"是思维深远的数学。我们根据学生的学习现实、个性化心理和数学知识特点,采取灵活多样的教学形式,让学生在活动中体验、在体验中探究、在探究中发现,并对数学知识进行拓展和延伸,努力开阔学生的数学视野,进而提升学生数学核心素养。

(一) 睿思数学——资源丰富

数学课堂教学离不开丰富的教学资源。从中选取恰当的教学资源可以激发学生学习的兴趣、提高课堂效率、促进学生思维深层发展。学校以国家课程为中心点,深度挖掘课内资源、拓展课外资源,开展数学游戏课程、数学实践课程,充分利用各种教学方式和方法,营造丰富多彩的数学课堂。

(二) 睿思数学——聚焦素养

《义务教育数学课程标准(2022 年版)》明确指出:"数学在形成人的理性思维、科学精神和促进个人智力发展中发挥着不可替代的作用。数学素养是现代社会每一个公民应当具备的基本素养。"①

数学素养作为核心素养在数学教学中的体现,要求教师不仅要传授给学生知识,而且还要让学生充分了解和掌握各种学习能力。因此,基于数学核心素养的小学数学课程体系重新建构,是当前教学中的重要任务。教师要掌握核心素养下的数学课程内容和价值,充分挖掘数学课程体现的人文价值和能力价值,重新建构数学教学体系,提高学生的数学能力,为开拓学生的数学思维奠定良好的基础。在"睿思数学"课程中,我们倡导创设轻松、和谐、平等的教学环境,让学生通过观察、实验、猜测、计算、推理、验证等方法自主探索新知,逐渐发展学生的数学核心素养。

(三) 睿思数学——联系生活

"睿思数学"课程从学生实际出发,注重联系生活实际,创设有助于学生自主学习的问题情境,引导学生通过实践、思考、探索、交流等手段获得数学的基础知识、基本技能、基本思想、基本活动经验,促使学生主动地、富有个性地学习,不断提高学生发现问题、提出问题、分析问题和解决问题的能力,逐步引导学生用数学

---

① 中华人民共和国教育部. 义务教育数学课程标准(2022 年版)[S]. 北京:北京师范大学出版社,2022:1.

的眼光看待生活。

（四）睿思数学——关注实践

《义务教育数学课程标准（2022年版）》中指出："综合与实践领域的教学活动，以解决实际问题为重点，以跨学科主题学习为主，以真实问题为载体，适当采取主题活动或项目学习的方式呈现，通过综合运用数学和其他学科的知识与方法解决真实问题，着力培养学生的创新意识、实践能力、社会担当等综合品质。"[①]学校开拓和延伸的综合实践课程为学生提供了更多实践的机会，架起了沟通生活与数学的桥梁，使学生有机会综合运用所学的数学知识去解决身边的实际问题。

（五）睿思数学——重视思维

"睿思数学"以思维训练为核心，注重知识的"生长点"与"延伸点"。我们把每堂课的知识置于整体知识体系中，注重知识结构和知识积累以及局部与整体关系的处理。课堂教学是学生思维训练的主阵地，把思维训练贯穿于教学始终，以数学知识和解题方法为载体，重点培养学生的思维能力。

（六）睿思数学——重视整合

整合课程资源是《义务教育数学课程标准（2022年版）》所倡导的，也是实现课程横向和纵向发展的重要过程。整合课程资源要以开放的眼光，巧妙地把学生感兴趣的数学内容与教材连接起来，鼓励学生敢想敢说，勤思善变，敢于标新立异，敢于向世俗挑战，敢于表现自我，多给学生提供求异思维的机会，保护学生的好奇心，积极拓展学生的思维。

总之，"睿思数学"致力于激发学生学习兴趣，调动学生学习的积极性，引发学生的数学思考，鼓励学生的创造性思维，促进学生学科素养的提升，让思维之花绚丽绽放。

---

① 中华人民共和国教育部. 义务教育数学课程标准（2022年版）[S]. 北京：北京师范大学出版社，2022：87.

第二节　用思维创造生活

　　"睿思数学"课程根据学生的学习实际、个性心理和数学学科的知识特点,采取灵活多样的教学形式,在国家课程的基础上引领学生对数学知识进行拓展延伸,对数学文化视野进行深度开发。通过开展丰富有趣的数学活动,提高学生学习数学的积极性,发展学生的数学思维,提升学生的数学思想。"睿思数学"课程本着不同的学生有不同发展需求的理念来创设课程活动,师生共同在活动中体验、在体验中探究、在探究中发现,提升学生的数学核心素养。学校依据《义务教育数学课程标准(2022 年版)》制定出了"睿思数学"的学科课程总体目标和学科课程年级目标。

一、学科课程总体目标

　　《义务教育数学课程标准(2022 年版)》指出:"义务教育数学课程以习近平新时代中国特色社会主义思想为指导,落实立德树人根本任务,致力于实现义务教育阶段的培养目标,使得人人都能获得良好的数学教育,不同的人在数学上得到不同的发展,逐步形成适应终身发展需要的核心素养。"[1]

　　（一）知识技能目标

　　经历数与代数的抽象、运算与建模等过程,掌握数与代数的基础知识和基本技能;经历图形的抽象、分类、性质探讨、运动、位置确定等过程,掌握图形与几何的基础知识和基本技能;经历在实际问题中收集和处理数据、利用数据分析问题、获取信息的过程,掌握统计与概率的基础知识和基本技能;参与综合实践活动,积累综合运用数学知识、技能和方法等解决简单问题的数学活动经验。

　　（二）数学思考目标

　　建立数感、符号意识和空间观念,初步形成几何直观,提升运算能力,发展形

---

[1] 中华人民共和国教育部. 义务教育数学课程标准(2022 年版)[S]. 北京:北京师范大学出版社,2022:2.

象思维与抽象思维;体会统计方法的意义,发展数据分析观念,感受随机现象;在参与观察、实验、猜想、证明、综合实践等数学活动中,发展合情推理和演绎推理能力,并清晰地表达自己的想法;学会独立思考,体会数学的基本思想和思维方式。

(三) 问题解决目标

初步学会从数学的角度发现问题和提出问题,综合运用数学知识解决简单的实际问题,增强应用意识,提高实践能力;获得分析问题和解决问题的一些基本方法,体验解决问题方法的多样性,发展创新意识;学会与他人合作交流;初步形成评价与反思的意识。

(四) 情感态度目标

积极参与数学活动,对数学有好奇心和求知欲;在数学学习过程中,体验获得成功的乐趣,锻炼克服困难的意志,建立自信心;体会数学的特点,了解数学的价值;养成认真勤奋、独立思考、合作交流、反思质疑等学习习惯;形成坚持真理、修正错误、严谨求实的科学态度。

二、学科课程年级目标

依据数学课程总目标,我们制定了小学六个年级的课程目标。这里,我们以二年级为例来说明(见表2-1)。

表2-1 "睿思数学"二年级课程目标表

上 学 期	下 学 期
第一单元 1. 经历长度单位形成的过程,体会统一长度单位的必要性,知道长度单位的作用。 2. 在活动中认识长度单位"厘米""米",初步建立1厘米、1米的长度观念,知道1米=100厘米。 3. 能用刻度尺测量物体的长度(限整厘米和整米)。 4. 在建立长度观念的基础上,提高估量物体长度的意识和能力。 5. 初步认识线段,会用刻度尺量和画线段的长度(限整厘米)。 6. 进一步体会数学与生活的密切联系,提高综合实践的能力。	**第一单元** 1. 在贴近生活的情境中经历简单的数据收集和整理的过程,学会用调查法来收集数据。在分类的基础上用"正"字的方法记录数据,会用给定的统计表整理数据。 2. 通过对数据进行简单的分析,初步体会运用数据进行表达与交流的作用,感受数据中蕴含的信息。 3. 通过对周围现实生活中有关事例的调查,初步体会调查所得数据的作用,逐步提高数据分析能力。

上 学 期	下 学 期
	第二单元 1. 在具体情境中理解平均分及除法运算的含义。会读、写除法算式，知道除法算式各部分的名称。 2. 初步认识乘法、除法之间的关系，能够比较熟练地用 2～6 的乘法口诀求商。 3. 会用画图、语言叙述等方式表征理解问题和分析问题的过程，除法解决简单的实际问题。 4. 进行爱学习、爱劳动、爱护大自然的教育；养成认真观察，独立思考等良好的学习习惯。
第二单元 1. 会计算 100 以内的两位数加、减；会计算加减两步算式。 2. 能够运用所学的 100 以内的加、减法知识解决生活中的一些简单问题。 3. 进一步体会数学在生活中的应用，建立数感，提高计算正确率。	
第三单元 1. 结合生活情景及操作活动，初步认识角，知道角的各部分名称，初步学会用尺画角。 2. 结合生活情景及操作活动，初步认识直角、锐角和钝角，会用三角尺判断直角、锐角和钝角，会画直角。 3. 结合生活实际进一步提高空间观念。	第三单元 1. 借助日常生活中的对称现象，通过观察、操作，直观认识轴对称图形，能辨认轴对称图形。 2. 借助日常生活中的平移现象，通过观察、操作，初步理解图形的平移，能辨认简单图形平移后的图形。 3. 借助日常生活中的旋转现象，通过观察、操作，初步理解旋转。 4. 能够用轴对称图形的知识解决简单的实际问题，提高解决问题的能力。 5. 通过感受图形的运动在生活中的应用，体会到数学与现实生活的密切联系，感受数学美。
第四单元 1. 在具体情境中理解乘法运算的意义。 2. 知道乘法算式各部分的名称，知道乘法的口诀是怎样得来的。熟记 2～6 的乘法口诀，会用口诀熟练口算乘法算式。 3. 初步学会根据乘法的意义，解决一些简单的实际问题。 4. 结合实践活动进行爱学习、爱劳动的教育，养成认真观察、独立思考等良好的学习习惯。	第四单元 1. 经历用 7、8、9 的乘法口诀求商的过程，掌握用乘法口诀求商的一般方法。 2. 会用除法解决简单的实际问题。 3. 在用乘法口诀求商的过程中，初步运用迁移的方法学习新知识，体验成功的乐趣。
第五单元 1. 能辨认从不同位置观察到的简单物体的形状。	第五单元 1. 理解和掌握混合运算的运算顺序，能正确脱式计算。

上　学　期	下　学　期
2. 初步认识立体图形各个面的形状。 3. 能依据看到的形状正确判断它是从物体的哪一面看到的。 4. 通过活动,发展空间观念,提高观察能力和动手操作能力,学会欣赏数学美。	2. 感受解决问题的一些策略和方法,并逐步学会列综合算式解决两步计算的问题。 3. 提高发现和提出问题、分析和解决问题的能力。
第六单元 1. 经历编制 7～9 的乘法口诀的过程,体验 7～9 乘法口诀的来源。 2. 理解每一句乘法口诀的意义,熟记 7～9 的乘法口诀,能用乘法口诀进行简单计算。 3. 会用乘法解决简单的实际问题。 4. 通过编制口诀,初步学会运用类比、推理的方法学习新知识。	第六单元 1. 通过操作、观察、对比等活动,理解余数及有余数的除法的含义。 2. 通过操作、计算、比较等活动,理解竖式中每个数所表示的意义。 3. 能熟练地进行有余数除法的口算和笔算,提高运算能力。
第七单元 1. 建立“时”“分”的时间观念,认识时间单位“时”和“分”,会进行换算。 2. 会用几时几分表示时间,能熟练读、写几时几分,进一步掌握时间的读写方法,知道珍惜时间。 3. 结合生活经验,解决时间问题,掌握时间的先后顺序和时间的长短。 4. 经历探索知识的过程,体验成功的快乐,养成珍惜时间的意识和习惯。	第七单元 1. 能够正确地认、读、写万以内的数,理解各数位上的数字表示的意义。 2. 结合现实素材认识近似数,能结合具体情境体会近似数的意义,进一步发展数感。 4. 会在实际情境中选择恰当的方法进行简单的估算。 5. 进一步感受十进位值制思想,感受数学的简洁美。
第八单元 1. 通过操作、观察、猜测等活动,找出最简单的事物排列数和组合数的基本思路、基本方法。 2. 观察、分析及推理能力得到提升。 3. 养成有顺序地、全面地思考问题的意识。	第八单元 1. 通过掂一掂、估一估、称一称等活动,认识质量单位:克和千克。 2. 能够用天平和常用的秤称物体,能够正确读出所测物体质量。 3. 会用克和千克估量物体的质量,并能解决一些简单的实际问题。
	第九单元 1. 经历简单推理的过程,获得推理的经验方法。 2. 通过游戏,能用推理解决一些简单的数学问题。 3. 通过实践活动,提高有条理的数学表达能力。

  "睿思数学"课程通过对知识技能、数学思考、问题解决、情感态度等目标的达成，让学生获得必需的数学学习能力，提高发现问题、提出问题、分析问题和解决问题的能力，激发学习数学的兴趣，增强学好数学的信心，全面发展学生的数学核心素养。

第三节　构建数学美好愿望

"睿思数学"课程以知识学习为载体和桥梁,激发了学生的求知欲望,培养了学生的良好学习习惯,提高了学生的创造性、主动性和独立解决问题的能力,最大限度地挖掘了学生的潜能。

一、学科课程结构

《义务教育数学课程标准(2022年版)》把课程内容安排为"数与代数""图形与几何""统计与概率""综合与实践"四个领域。依据四个领域内容,我校把"睿思数学"课程分为"睿思运算""睿思创意""睿思统计""睿思体验"四个部分(见图2-1)。

图2-1　"睿思数学"课程结构图

在图2-1中,各板块课程如下。

（一）睿思运算

"睿思运算"与"数与代数"相对应,凸显数感。包括"计算算理、计算方法、计算能力、实践应用"等相关联的拓展内容,开设的课程有:计算小达人、加减算式谜、计算冠军赛、奇妙的简算、计算智多星、简算我最行等,注重发展认知能力、运算能力,围绕着数的运算开展趣味教学。"睿思运算"的教学理念与现实生活中的例子相结合,学生看懂了图文、拓展了计算,通过思考和交流,从而简化了繁琐、重复的操练,提高了对数的敏感度,提升了思维反应能力。

（二）睿思创意

"睿思创意"与"图形与几何"相对应,凸显空间观念。系统地概括为空间观念及"图形与几何"实践活动。开设的课程有:小小建筑师、漂亮的尺子、玩转七巧板、看我火眼金睛、图形搬家、绘画园地的秘密、菜园的篱笆、四边形家族、组合图形变变变、立体图形的外衣、扇形兄弟一家亲、图形大集合等。此课程向学生提供充分地从事数学活动和交流的机会,利用丰富多样的图形和有趣的素材,发挥了学生的想象力,提高了学生的创新精神和实践能力,学生在轻松愉快地观察、操作、实验、想象、应用中自主构建知识,发展了空间观念,从而对周围环境和实物产生了直接感知。

（三）睿思统计

"睿思统计"与"统计与概率"相对应,凸显数据分析与推理能力。系统地概括为亲近生活及"统计与概率"实践活动。开设的课程有:自己事情自己做、有趣的"正"字、小小设计师、我们喜欢的活动、直条排排站、跳跃的折线、统计大家庭等。知识来源于生活,同时又能改善生活,学生在实践中增强了数学兴趣。课程设计贴近学生生活,如统计身高、体重或喜欢的图书类别等,学生可以深刻地体会到用统计知识可以解决生活中的实际问题。教学设计切合学生的认知,贴近生活实际,学生能充分感受到生活中处处有数学。

（四）睿思体验

"睿思体验"与"综合与实践"相对应,凸显模型思想和应用意识。"睿思体验"可以系统地概括为综合性作业及数学综合实践活动。开设的课程有:和时间赛跑、快乐的一天、一亿有多大、营养午餐我会搭、掷骰子、电话传声筒、确定起跑线、自行车里的学问等。

"睿思数学"理念强调学生积极地参与生动直观的数学活动,体验数学与生活的联系,对与数学有关的事物产生兴趣。通过开展贴近生活的实践活动,学生能在实际情境中观察、思考、推理,主动地提出问题和解决问题。同时在实践与综合性作业中体验研究问题的策略和方法,例如:在家或学校种植一盆蒜苗,每3天测量高度,并做好记录。通过"实践—统计—结论"这一过程,学生体验了研究问题的策略和方法。

二、学科课程设置

"睿思数学"依据《义务教育数学课程标准(2022年版)》,在认真执行国家课程的基础上,学校设置了丰富的课程(见表2-2)。

表2-2 "睿思数学"课程设置表

		睿思运算	睿思创意	睿思统计	睿思体验
一年级	上学期	数学小博士	小小建筑师	和时间赛跑	寻宝大闯关
	下学期	计算小达人	玩转七巧板	自己事情自己做	超市历险记
二年级	上学期	加减算式迷	看我火眼金睛	快乐的一天	漂亮的尺子
	下期学	计算小达人	图形搬家	有趣的"正"字	小小设计师
三年级	上学期	我和妈妈去购物	绘画园地的秘密	有趣的维恩图	身份证奥秘
	下学期	水果店里的问题	菜园的篱笆	我们喜欢的活动	活动日历
四年级	上学期	计算冠军赛	四边形家族	直条排排站	1亿有多大
	下学期	不可思议的简算	巧手拼拼拼	直条哥俩好	营养午餐我会搭
五年级	上学期	计算智多星	组合图形变一变	请你猜一猜	掷骰子
	下学期	奇妙的简算	立体图形的外表	跳跃的折线	电话传声筒
六年级	上学期	计算我最棒	美丽的曲线	扇形兄弟一家亲	确定起跑线
	下学期	简算我最行	图形大集合	统计大家庭	自行车里的学问

三、"睿思数学"课程内容

依据课程结构和课程设置的要求,结合学生年龄特征、学习基础、学习经验等,我校分别从课程名称、课程目标和学习要点三方面实施各年级课程内容。通过课程内容的实施,学生巩固了数学基础知识和技能,发展了数学核心素养(见表2-3)。

表 2-3　"睿思数学"课程内容设置表

年级	学期	课程名称	课程目标	学习要点
一年级	上学期	数学小博士	1. 通过知识梳理,能熟练准确口算 10 以内的加减法。 2. 能正确口算 20 以内的进位加法。	1. 火车跑得快。（10 以内加减法的口算练习） 2. 你说我答。（10 以内加减法练习） 3. 扑克算。（20 以内进位加法练习） 4. 卡片接竹竿。（20 以内加法强化训练）
		小小建筑师	1. 认识长方体、正方体、圆柱和球等立体图形。 2. 会用这些立体图形特征搭建比较稳固的"房子"。	1. 摸一摸。（盲摸立体图形） 2. 我是小小建筑师。（用立体图形搭建自己的小房子）
		和时间赛跑	1. 通过游戏,快速说出钟表和电子表上整时和半时的时刻。 2. 会正确拨出相应的时刻。 3. 建立良好的时间观念,养成惜时的好习惯。	1. 我还记得你。（回忆钟面） 2. 我的一天。（说一说自己一天中什么时刻在干什么） 3. 游戏:和时间赛跑。
		寻宝大闯关	1. 能够运用方位词描述物体的位置。 2. 在具体情境中根据"上""下""前""后""左""右"准确找出物体的位置。	1. 欣赏美丽的公园。（根据方位词说出公园都有什么） 2. 公园寻宝历险记。（根据提示,找到相应位置）
	下学期	计算小达人	1. 通过知识梳理,能熟练准确口算 20 以内的退位减法。 2. 能正确口算 100 以内整十数加减整十数,两位数加减一位数和整十数。	1. 勇夺小红旗。（100 以内整十数加减整十数的口算） 2. 算式接龙。 3. 我来当老师。（我出题你说得数,计分比赛）
		玩转七巧板	1. 能根据七巧板的特征感受图形之间的关系。 2. 根据七巧板的特征联系平面图形与立体图形的关系。	1. 我会拼。（用七巧板拼出自己喜欢的图案） 2. 我会画。（用学过的图形创作一幅美丽的图案,并说一说都用到了哪些图形）
		自己事情自己做	1. 根据给定的标准或自己选定的标准进行分类。 2. 用自己喜欢方式呈现分类结果。	1. 好朋友做客。（参观房间,说一说喜欢谁的房间并说出理由） 2. 我会收拾房间。（根据标准进行分类）
		超市历险记	1. 认识不同面值的人民币。 2. 知道人民币的单位有元、角、分,知道元、角、分之间的关系。	1. 选择喜欢的物品。（说出自己喜欢的物品的价格） 2. 模拟超市。（拿出学具人民币,模拟买东西）

年级	学期	课程名称	课程目标	学习要点
二年级	上学期	加减算式迷	1. 梳理 100 以内加减法的计算算法,熟练掌握运算技能,提高计算的准确率和速度。 2. 在学习过程中,养成认真书写、仔细检查的好习惯。	1. 猴子捞月亮。(加减法口算练习) 2. 啄木鸟医生。(加减法笔算改错练习) 3. 小火车跑得快。(加减法笔算练习) 4. 计算我能行。(加减混合练习)
		看我火眼金睛	1. 熟练辨认从不同位置观察简单物体时看到的图形。 2. 发展空间观念,提高观察能力和动手操作能力,学会欣赏数学美。	1. 巧手连一连。(找出不同位置所看到的图形) 2. 小手摆一摆。(摆出物体,并描述出不同方位所看到的形状) 3. 动手画一画。(根据所给图形,画出不同方位看见的形状)
		快乐的一天	1. 熟练读、写几时几分,进一步掌握时间的读写方法,知道珍惜时间。 2. 能够有条理地思考问题,分析、判断、推理能力有所提高。	1. 我会认。(准确读写几时几分) 2. 我可不是小迷糊。(正确读出钟面上接近整时的时间) 3. 我的一天。(根据时刻表,会推出经过的时间)
		漂亮的尺子	1. 通过测量自己身高和身边物品的长度等实际活动,对所测对象形成清晰的表象,为以后估计、认识其他物品的长度提供更多的参考标准,进一步建立长度观念。 2. 在建立长度观念的基础上,养成估量物体长度的意识。	1. 量一量。(量教室物品的长度) 2. 小组合作,再次体会。量一量同学的身高、肩宽等,制成表格,进行比较。
	下学期	计算小达人	1. 通过多种形式的计算练习,提高计算能力。 2. 巩固除法的含义,熟练了解除法算式中各部分的名称,乘法和除法的关系,熟练地用乘法口诀求商,熟练地计算除数是一位数、商是一位数的有余数除法。	1. 圈一圈、说一说。(除法意义练习) 2. 看谁先到家。(口算练习) 3. 生活小能手。(计算在生活实际问题中的应用)

年级	学期	课程名称	课程目标	学习要点
三年级	上学期	图形搬家	1. 进一步认识轴对称现象,感知平移、旋转现象。 2. 结合生活实例,通过活动感知平移与旋转现象,体会平移和旋转的特点,并会正确地区分这两种现象。	1. 大眼睛仔细看。(准确分辨平移和旋转现象) 2. 我是小画家。(选择符合题目要求的平移或旋转后的图形涂色)
		有趣的"正"字	1. 进一步了解统计的意义,体验数据的收集、整理、描述和分析的过程。 2. 熟练地用简单的方法收集和整理数据,认识简单的统计表,能根据统计表中的数据回答简单的问题,并能够进行简单的分析。	1. 整理大师。(小组合作,选择一个问题进行数据整理。比如:课外小组人数、喜欢的花的颜色等) 2. 分析大师。(把收集的数据填入统计表中,并对其进行简单的分析)
		小小设计师	1. 能熟练将同样的图形拼在一起,并根据实际观察的基本图形,会用自己的语言描述图形的运动。 2. 感受到图形的运动在生活中的应用,体会到数学与现实生活的密切联系,感受数学美。	1. 图形的运动。(拿着小旗子等学具在方格纸上做平移或旋转运动,小组其他成员准确描述出来) 2. 小巧手仔细拼。(学具拼出美丽图案) 3. 小裁缝。(动手剪一些轴对称图形)
		我和妈妈去购物	1. 熟练口算和笔算两位数和三位数的加减法,熟练口算一位数乘整十、整百数;正确笔算一位数乘二、三位数。会进行估算和验算。 2. 养成认真书写、仔细检查的习惯。	1. 购物时准确计算物品总价。(两位数和三位数的加减法和一位数乘两、三位数的计算) 2. 妈妈拿了五百元,是否够用。(估算)
		绘画园地的秘密	1. 熟练掌握长方形、正方形的特征,会在方格纸上画长方形、正方形。 2. 知道周长的含义,会计算长方形、正方形的周长。	1. 设计长方形的菜地围栏,并计算周长。(长方形的特征和周长) 2. 设计正方形餐布并围上花边,计算花边长度。(正方形的特征和周长)
		有趣的维恩图	了解集合的思想,发现生活中的数学,形成观察、分析及推理能力。	1. 根据文艺活动中各类节目的人数画出维恩图。(了解集合的思想)

年级	学期	课程名称	课程目标	学习要点
				2. 综合分析维恩图,得出各部分的人数。(形成观察、分析数据的能力)
		身份证奥秘	经历设计编码的过程,会用数字进行编码,解决生活中的实际问题。	1. 根据任务确定编码要表达的信息,筛选固定信息,设计编码方案。(经历编码过程) 2. 展示方案并讨论最优方案。(能根据实际问题选取解决问题的最佳方案)
下学期		水果店里的问题	1. 在掌握了除数是一位数除法的口算、笔算和估算的计算方法的基础上,会灵活选择计算方法解决实际问题。 2. 会根据不同的情境进行估算和计算。	1. 每筐大约装多少个桃子。(提高估算能力) 2. 补充完整水果店的进货记录单。(以统计表形式呈现信息,解决"求平均"和"比多少"的问题,会灵活选择解决问题的策略)
		菜园的篱笆	1. 掌握长方形、正方形的面积公式,会用公式正确计算长方形、正方形的面积,并能估计给定的长方形、正方形的面积。 2. 沟通实际问题与数学问题的联系,提高建模的意识情形能力。	1. 设计菜园的篱笆,求出所用材料的长度。(巩固长方形的周长公式) 2. 计算出菜园面积。(用面积公式解决实际问题) 3. 对周长公式和面积公式以及单位进行比较,避免混淆。
		我们喜欢的活动	1. 结合生活实际问题,经历数据收集、整理、分析的过程,提高数据分析观念。 2. 课内外结合,提升应用意识,进一步体会复式统计表的作用。	1. 调查本班男生和女生喜欢的各项活动,并设计出复式统计表。(经历收集、整理、分析的过程) 2. 发现数据背后的信息,提出有价值的问题。(提升应用意识)
		活动日历	1. 在制作过程中综合运用年、月、日和正方体的特征解决问题。 2. 感受数学在生活中的应用,提高实践活动的兴趣。	1. 合理分配4个小正方体及充分利用它们的面制作日历。(运用年、月、日和正方形的特征,明确解决问题的过程) 2. 展示作品,分享经验。(提高实践活动的兴趣)

年级	学期	课程名称	课程目标	学习要点
四年级	上学期	计算冠军赛	1. 梳理两位数乘、除多位数的运算的计算算法,熟练掌握运算技能,提高计算的准确率和速度。 2. 养成认真书写、仔细检查的好习惯。	1. 勇夺小红旗。(乘、除法口算、估算练习) 2. 森林小医生。(乘、除法计算改错练习) 3. 计算攀岩赛。(乘、除法笔算练习) 4. 算式变变变。(简便运算练习)
		四边形家族	1. 在动手量一量、画一画、剪一剪的过程中,掌握长方形、正方形、平行四边形、梯形的特征。 2. 在动手操作、互动交流活动中,概括出四边形的共同特征。 3. 通过讨论交流,沟通四边形之间的联系,加深对所学四边形的整体认识。	1. 就在我身边。(找出生活中的四边形) 2. 动手辨一辨。(量一量、比一比掌握四边形的特征) 3. 给它画幅像。(根据所给要求,画出对应的四边形) 4. 亲密一家人。(沟通四边形各个图形之间的联系)
		直条排排站	1. 通过调查身边事物,收集、整理数据,开展游戏活动,激发学习兴趣和求知欲望,体会统计在实际生活中的作用。 2. 养成有条理地思考问题的习惯及初步的分析、判断、推理的能力。	1. 生日快乐。(统计本班同学们的生日在几月份) 2. 你的睡眠时间。(调查班里同学的睡眠时间) 3. 我的出行方式。(统计班里同学上学的交通方式) 4. 选择(或自拟)一种活动进行调查、统计,并对统计数据进行分析,感受统计的现实意义。
		1亿有多大	1. 经历课题研究、数学建模的简单过程,形成对 1 亿有多大的感性认识。 2. 体会和感受大数在日常生活中的应用,发展良好的数感。	1. 猜想 1 亿有多大。 2. 通过计算 1 亿张纸有多厚、1亿粒米有多少千克等活动,建立 1 亿的表象。(由局部推算整体) 3. 自己设计方案,再次体会。
	下学期	不可思议的简算	1. 通过多种形式的计算练习,养成主动利用运算定律及性质进行简便运算的意识,提高计算能力。 2. 通过简便计算在现实生活中的灵活应用,提高解决实际问题的能力。	1. 看谁算得又对又快。(简便运算练习) 2. 火眼金睛。(简便运算的改错练习) 3. 解决问题我能行。(简便运算在解决生活实际问题中的应用)

年级	学期	课程名称	课程目标	学习要点
五年级	上学期	巧手拼拼拼	1. 通过用同样大小的三角形拼四边形的活动,体会三角形与四边形的关系。同时享受创作的快乐,感受数学美。 2. 通过拼一拼等活动进一步发展空间观念,提高观察能力和动手操作能力,感受数学的转化思想。	1. 四边形中的三角形。（用同样大小的三角形拼四边形） 2. 三角形随心拼。（用三角形拼出美丽图案）
		直条哥俩好	1. 结合生活实际问题,经历数据收集、整理、分析的过程,提高数据分析观念。 2. 课内外结合,养成应用意识,进一步体会统计的作用。	1. 小组合作,选择一个问题进行统计分析。（课外小组人数、喜欢的运动项目、城乡人口、人均寿命、人均住房面积等） 2. 在生活中找到复式条形统计图,并对其进行简单的分析。
		营养午餐我会搭	1. 根据营养午餐的一些指标,运用简单的排列组合、统计等相关知识,了解怎样的搭配才是合理的营养午餐。 2. 体会探索的乐趣,并改正挑食、偏食的毛病,养成科学饮食习惯,感受数学的生活性、实用性。	1. 科学理解营养午餐。 2. 量化三套方案的营养成分。 3. 科学选择营养午餐。 4. 动手搭配营养午餐。 5. 统计分析,综合运用。（选出全班最喜欢的 6 种搭配方案,制成复式条形统计图） 6. 拓展延伸,为特殊人群搭配营养午餐。
		计算智多星	1. 梳理小数乘、除法的计算方法,熟练掌握运算技能,提高计算的准确率和速度。 2. 养成认真书写、仔细检查的好习惯。	1. 计算连连看。（小数乘、除法口算练习） 2. 纠错小医生。（小数乘、除法计算改错练习） 3. 计算我最棒。（小数乘、除法笔算练习） 4. 简算小达人。（小数简便运算练习）
		组合图形变变变	1. 在动手操作、互动交流活动中,探究图形之间的联系。 2. 能够灵活地把组合图形分解成已学过的平面图形,并熟练计算出它的面积。	1. 图形真美丽。（找出生活中的平面图形） 2. 图形对对碰。（计算出平面图形的周长、面积） 3. 动手我能行。（根据要求,画出对应的四边形） 4. 拆分小专家。（把组合图形分解后计算出它的面积）

年级	学期	课程名称	课程目标	学习要点
	下学期	请你猜一猜	1. 通过实验、游戏等活动,进一步感受随机现象结果发生的可能性,能对随机现象发生的可能性大小做出定性描述,并能和同伴进行交流。 2. 有条理地思考问题,具有初步的分析、判断、推理的能力。	1. 摸小球。(体会随机事件发生的规律性) 2. 转大奖。(转盘游戏,感受事件发生的可能性) 3. 奇妙的纸牌。(抽签游戏,感受数量的多少与可能性的联系)
		掷骰子	1. 通过亲身经历、观察、猜想、验证的学习过程,综合运用所学知识来探讨事件发生的可能性大小。 2. 体会和感受数学在日常生活中的应用,有良好的数感。	1. 猜数字。(投掷多次,体会数字相同的可能性) 2. 骰子的秘密。(在游戏中探索可能性) 3. 自己设计方案,再次体会。
		奇妙的简算	1. 进一步理解整数加法运算定律对于分数加法仍然适用,并会运用这些运算定律进行分数加法的简便运算。 2. 通过简便计算在现实生活中的应用,提高解决实际问题的能力。	1. 计算小火车。(简便运算练习) 2. 小小扫雷员。(简便运算的改错练习) 3. 解决问题小能手。(简便运算在解决生活实际问题中的应用)
		立体图形的外衣	1. 通过观察操作,归纳长方体和正方体的特征,认识它们的展开图,解决实际问题。 2. 通过剪一剪、拼一拼等活动进一步发展空间观念,提高观察能力和动手操作能力,感受转化思想,感受数学与生活的联系,欣赏数学美。	1. 小小设计师。(通过计算,画出立体图形的每个面) 2. 美丽的外衣。(动手制作立体图形的展开图)
		跳跃的折线	1. 深刻认识折线统计图及其特征,能根据需要选择折线统计图,直观、有效地表示数据,并能对数据进行简单的分析和预测。 2. 课内外结合,提高应用意识,进一步体会统计的作用。	1. 小小制图师。(通过数据的整理,绘制折线统计图) 2. 小小分析师。(在生活中找到复式折线统计图,并对其进行简单的分析)

年级	学期	课程名称	课程目标	学习要点
六年级	上学期	电话传声筒	1. 通过画图、列表格等方式发现事物隐含的规律，体会数形结合、推理、优化、模型等数学思想，进一步提高归纳推理和解决简单实际问题的能力。 2. 体会探索的乐趣，感受数学的生活性、实用性。	1. 小小优化师。（设计、优化更快地打电话方案） 2. 快速传声筒。（通过制图的方法，找到规律，用最少的时间通知到每一个人）
		计算我最棒	1. 在形式多样的趣味练习中，梳理巩固分数乘、除法的计算方法以及有关分数简便计算的方法，提高计算速度和正确率。 2. 养成认真书写、仔细检查的良好学习习惯。	1. 口算我最快。（有关分数乘、除法口算练习） 2. 简算我最行。（有关分数乘、除法简便计算练习） 3. 运算我最棒。（有关分数乘、除法的四则混合运算）
		美丽的曲线	1. 在动手量一量、画一画、涂一涂的过程中，掌握画圆的方法，并用圆创造出各种精美图案。 2. 通过自主探究、合作交流，研究扇环周长和面积计算方法。	1. 动手量一量、画一画、涂一涂。 2. 探究扇环周长计算方法。 3. 探究扇环面积计算方法。
		扇形兄弟一家亲	从熟悉的生活事例入手，绘制统计表和扇形统计图，锻炼动手操作能力，发展数据分析能力。	1. 制作统计表和扇形统计图。 2. 针对统计表和统计图，提出自己的看法或建议。
		确定起跑线	1. 了解田径场和环形跑道的基本结构，综合运用圆的周长等知识计算，并确定 400 米跑的起跑线。 2. 经历观察、计算、推理的过程，发展综合运用知识解决问题的能力。	1. 了解田径场和环形跑道的基本结构，思考各跑道起跑线之间的距离。 2. 分析和解决问题。 3. 发现和提出新问题，解决新问题。
	下学期	简算我最行	1. 通过对所学运算定律的自主整理和归纳，结合相应的习题感知运算定律的作用。 2. 能够熟练运用简便计算解决问题。	1. 回顾整理、归纳学过的运算定律。 2. 出示有代表性的习题，归纳简便算法。 3. 巩固练习。

年级	学期	课程名称	课程目标	学习要点
		图形大集合	1. 通过分类，感悟分类的数学思想。 2. 通过比较和梳理，沟通图形之间的联系和区别。	1. 将学过的图形分类、整理，形成知识网络。 2. 整理复习平面图形的特征以及周长、面积的计算方法。 3. 整理复习立体图形的特征以及表面积、体积的计算方法。 4. 绘制知识树。
		统计大家庭	1. 梳理统计的知识。 2. 加强对不同统计图特征的认识。	1. 回顾整理学过的统计表、统计图。 2. 回顾统计图的特点及适用情况。 3. 绘制思维导图。
		自行车里的学问	1. 通过实践活动，研究普通自行车的速度与其内在结构的关系，研究变速自行车能变化出多少种速度的组合数。 2. 经历问题解决的基本过程，获得运用数学知识解决实际问题的思考方法。	1. 研究普通自行车的速度与其内在结构的关系。 2. 研究变速自行车能变化出多少种速度。 3. 拓展思维，激发创新意识和创造能力。

"睿思数学"课程符合学生的认知规律和心理特征，在实施过程中，拓宽了学生的视野，激发了学生的兴趣，引发了学生的思考，体现了数学的本质，促进了学生个性发展。

第四节　数学与生活真实遇见

　　《义务教育数学课程标准(2022年版)》指出:"课程内容的呈现。注重数学知识与方法的层次性和多样性,适当考虑跨学科主题学习;根据学生的年龄特征和认知规律,适当采取螺旋式的方式,适当体现选择性,逐渐拓展和加深课程内容,适应学生的发展需求。"①"睿思数学"在国家课程的基础上开阔学生数学视野、拓展和延伸数学知识、提高学生学习的主动性、积极性和创造性。根据"睿思数学"的课程理念、学科性质,课程目标等方面的要求,从"睿思课堂""睿思课程""睿思学习""睿思研学""睿思社团""睿思数学节"等六个方面进行课程实施。

一、构建"睿思课堂",打造智慧型数学课堂

　　"睿思课堂"从学生实际出发,创设有助于学生自主学习的问题情境,引导学生通过实践、思考、探索、交流等学习活动,获得数学基础知识、基本技能、基本思想、基本活动经验,促使学生主动而富有个性地学习。它以知识的学习为载体和桥梁,旨在激发学生的求知欲,养成良好的数学学习习惯,培养创造性、主动性和独立解决问题的能力,最大限度地发掘学生的潜能。

　　兴趣是学生主动参与学习、积极思考的动力,也是一切学习活动开展的前提。基于儿童的心理发展特点,"睿思数学"课堂在情境的创设上,不但结合学生的认知规律对教学内容进行改进,还赋予了一定的时代气息。情境的表现形式也是多种多样的,如问题情境、活动情境、游戏情境、故事情境等。对于中、低年级的学生,可以通过讲故事、做游戏、直观展示等形式创设情境,而对于高年级的学生,则要侧重创设有助于学生自主学习、合作交流的问题情境,从而激发学生的学习兴趣,用数学本身的魅力吸引学生。

---

① 中华人民共和国教育部.义务教育数学课程标准(2022年版)[S].北京:北京师范大学出版社,2012:3.

问题是思维的起点和动力,是课堂组织的载体,有指向性的问题是课堂中学生有效开展学习活动的指挥棒。在"睿思课堂"中,教师以问题为导向引导学生展开广泛、深入的自主探究学习活动,课堂上留给学生充足的自主学习时间,使学生能够在探究中发现问题、提出问题、解决问题,发展学生的数学思维,从而获得数学素养和数学综合能力的提高。

　　"睿思课堂"不仅强调学习任务要具有一定的难度和现实意义,而且更加强调如何促使学生全面参与学习,特别是情感参与和认知参与。在教学中,教师根据知识内容提出核心问题,然后把其确定为课堂的探索性任务,学生自主选择相应的必要材料进行研究,在尝试、交流中解决问题,教师结合学生不同层次水平的需要,给予相应的学习支持。在练习环节,通过趣味性练习任务促进学生对知识的巩固和强化,以任务为驱动,使学生学习更加主动。

　　"睿思课堂"将教学的着眼点由"答案本位"转向"策略指导",在课堂上教师引导学生认真选择研究的问题,鼓励学生质疑,引导学生通过实验、尝试、推测等实践活动去探究和发现事物间的关系和规律,让学生的头脑和嘴巴都得到"解放",使学生敢想、敢说、敢做。

　　交流是学习过程的重要组成部分,它直接影响到课堂教学效果。"睿思课堂"力求为学生创造一种生动活泼的课堂气氛,能大胆地、无拘无束地讨论问题,提出自己的观点,质疑别人的结论。在交流过程中,教师不是一种自上而下的"给予者",而是努力创设情境,让学生在交流中获得知识,有效促进学习。学生也在师生互动、生生交流之中学会了尊重、分享,同时了开阔了眼界、启发了思维、丰富了经验、提升了综合素养。

二、建设"睿思课程",丰富数学课程内容

　　"睿思课程"是以儿童需求为基点,以学科素养为指向开发的校本化、特色化的综合课程。根据学生的认知规律、数学学习特点和学生实际学习情况,课程设置在国家课程的基础上进行拓展和延伸,突出核心内容,对某些领域适度拓展,激发学生的学习兴趣,提高学生分析、解决问题的能力,拓宽学生知识面,全面促进学生数学素养的提升。

　　"睿思课程"在国家课程的带动下,形成了由数学绘本课程、数学游戏课程和

数学实践课程组成的有序的课程。"睿思数学"课程的建设使教学与生活接壤、学习与实践相连,彰显着课程的育人价值。

"睿思绘本"课程以精细的数学知识、数学家故事、数学史为学习基点来实施课程,聚焦具体的场景理解数学概念,逐步提升儿童阅读理解能力,帮助儿童建构严谨的数学思维和数学模型。

"睿思游戏"课程为数学学习提供丰富的思维背景和学习素材,学生在数学游戏中培养灵活的数学思维,感受学习数学的乐趣。

"睿思实践"课程基于学生经验把数学知识与实践活动紧密联系起来。学生通过自主的综合性学习活动,密切联系自身生活和社会实际,综合运用多种学科知识,发展自身解决问题的能力。"睿思实践"课程重在实践,重在综合,在注重数学知识的同时,也充分利用其中的思想性、教育性,对学生进行热爱祖国、热爱人民、保护环境、节约能源、团结协作、合作交流等的思想教育,培养学生良好的情感、态度、价值观。

三、倡导"睿思学习",提高自主学习能力

"睿思学习"以学生为主体,在教师具体的指导和带领下,从生活中选择自己感兴趣的数学研究内容,通过有目的地收集资料和整理资料、动手操作等方式去分析和解决问题。学习过程是一个生动活泼、主动的、探索的、合作的和富有个性的过程。在学习过程中,给学生足够的时间和空间去经历观察、实验、猜测、计算、推理、验证等环节。

《义务教育数学课程标准(2022年版)》中提出:"改变单一讲授式教学方式,注重启发式、探究式、参与式、互动式等。根据不同的学习任务和学习对象,选择合适的教学方式或多种方式的结合,组织开展教学。"①学生对教学内容的理解、消化和吸收,只靠课堂上的时间是远远不够的,"睿思学习"数学活动主题的选择,既要与课堂教学相辅相成、相得益彰,有助于学生获取新的数学知识,又要有利于学生自主探索,拓展学生思维。每个年级要根据学生发展水平、所学知识选择不同类

---

① 中华人民共和国教育部. 义务教育数学课程标准(2022年版)[S]. 北京:北京师范大学出版社,2022:86.

型的数学活动主题。

数学游戏。数学游戏具有趣味性强、令人兴奋和具有挑战性的特点,通过数学游戏可以培养学生对数学的浓厚兴趣和探索未知问题的好奇心。如华容道游戏、猜图形等。

动手实践。儿童心理学家皮亚杰认为:智慧的鲜花是开放在指尖的。这句话言简意赅地道出了动手操作在学习与生活中的重要性。在实践活动中,动手操作能帮助学生解决数学实际问题,并能从中培养学生解决数学问题的能力。如制作正方体、七巧板拼图、制作日历等。

小课题研究。进行数学小课题研究能让学生参与知识建立起来的过程,初步培养学生发现问题,提出问题,解决问题的能力,真正让学生成为学习数学的主人。如租车预算方案、求不规则物体的体积等。

综合实践。小学生进行实践调查既锻炼了数学实践能力,提高了解决数学问题的能力,又能锻炼学生的语言能力,体验到"数学源于生活,生活中处处有数学"。如水资源的浪费、口罩的统计等社会问题调查。

成果展示。每周五进行一次"睿思数学"学习,每月的最后一个周五进行月展示"睿思数学"学习成果。进行数学活动展示时,同一阶段的师生互相参观、合作交流,使数学活动成果最优化。

四、开展"睿思研学",感受数学生活的魅力

"睿思研学"是为了有效地继承和发展我国传统游学的教育理念和人文精神,提升小学生的自理能力、创新精神和实践能力,推行的研学旅行课程。通过研学活动的开展,师生共同在数学活动中体验,在数学体验中探究,在数学探究中发现,提升学生数学核心素养。

学校根据地处商城遗址等区域特色,结合学生年龄特点和各学科教学内容需要,以年级、班级为单位通过有组织、有计划、有目的的外出研学,在生活中拓展视野、丰富知识,加深与自然和文化的亲近感,增强数学体验感。过程由教师组织,结合行程中的具体情况,确定数学主题,如租车、坐船怎样最省钱;选择旅游路线等,以游中做、做中学的形式,共同体验,分组活动,相互研讨,结束之后书写研学日志,形成研学总结报告。

根据区域特色、学生年龄特点和教学内容，每次的数学研学旅行要提前确定好数学研学活动主题，明确研学的目的和意义，让学生在数学研学活动过程中解决问题、提升能力、锻炼自己，真正起到增长见识、陶冶情操的积极作用。

研学活动开展前让学生通过查看书籍或上网查阅资料等方式做好活动准备工作，既培养了学生自主学习的能力，又拓宽了学生的学习视野。

在研学活动中布置相应的拓展作业，撰写研学日志，总结研究报告等，老师根据学生数学研学成果反馈，总结研学活动收获及存在问题，使数学研学活动最大化地促进学生全面能力的提高。

五、开设"睿思社团"，让数学学习妙趣横生

"睿思社团"是以绘本阅读为抓手，为数学知识的学习增加新的素材。运用数学绘本激发学生学习兴趣，感受历史，品味故事，经验还原，使数学"栩栩如生"；在课中探索数学知识，在赏图画中感悟数学之美，在读故事中亲历奇妙之旅，在玩游戏中收获解题的方法，使数学"妙趣横生"；利用绘本知识拓展思维，使数学"精彩创生"。

根据学生年龄特点，精选数学读物。结合学生年龄特点，给低年级学生提供数学绘本，中年级学生提供数学漫画系列，高年级学生提供图文结合或纯文字的内容。开展多种形式阅读，培养数学阅读习惯。

对低年级定期进行数学绘本课堂教学。每两周进行一堂数学绘本课。社团教师研讨教学目标和教学环节，精心进行教学设计，制作课件，在课堂上进行数学绘本教学，鼓励全班积极参与阅读，指导孩子学习理解数学绘本，学会数学绘本的阅读方法。开展多种形式的学生自读、共读活动。数学绘本一大特点是图文并茂、文字浅显易懂，低年级学生完全具备独立阅读的能力。在"图书漂流袋"中或图书角中放入一定比例的数学读物，让学生在课后进行阅读和交流。利用午读课时间声情并茂地来读数学读物。可以师讲生听，也可师生、生生互读、轮读绘本。激发孩子读、讲数学的兴趣，创造良好浓郁的数学学习氛围。建立亲子共读时光，营造浓厚的家庭数学绘本学习氛围。在开学初的家长会上进行介绍，号召家长参与，坚持亲子阅读。从阅读故事入手，不但可以培养良好的亲子共读习惯，而且可营造浓厚的家庭数学阅读学习氛围。在此过程中发放家长问卷调查，及时了解家长与孩子亲子阅读的开展情况、效果以及家长的反馈、建议、意见。

数学绘本我来讲。这种形式适合低年级学生,学生自主选择喜欢的绘本,声情并茂地来读讲数学绘本,通过语言、表情、动作等对作品进行更加直观、形象的阐释。数学绘本我来画。创作绘本适合中高年级的学生,小学生爱涂、爱画、爱模仿,借助数学绘本本身的魅力,以自己的方式把想法画出来。让学生说说绘本的内容或故事,然后用绘本表达,并让同学对绘本进行评价,把数学知识、绘画能力、语言表达能力进行整合。

数学绘本我来演。爱演、爱玩是儿童的天性,根据绘本中的内容,让学生变成绘本中的主角演一演。在演的过程中遇到数学问题,让学生在游戏与合作中学习数学,真正体现了数学与生活的联系。

数学绘本我来编。绘本经常会在某些地方留给人想象的空间,抓住绘本中的这些资源,让孩子根据所学的内容,对于绘本进行合理的续写。孩子在续写的过程中,对于自己所学的知识又有了新一次的认识,有利于知识的回顾与巩固、重构与创新。也可以让学生发挥创造力自己创编有趣的数学故事,结合读、写、绘来创作属于自己的数学绘本。让学生有一双发现生活中数学的眼睛,自己能把生活中遇到的数学问题,创编成自己的小绘本,发现数学就在身边。

数学绘本我推荐。让学生在大量阅读绘本的基础上,开展数学绘本推荐活动。说说推荐绘本的内容,推荐的理由。促进学生对数学绘本的理解,拓展绘本阅读范围,创造绘本阅读氛围,逐步形成数学绘本阅读文化。

六、开展"睿思数学节",让学习快乐无穷

"睿思数学节"为学生营造了浓厚的数学文化氛围,引导学生在活动中感受数学与生活的自然融合,激发学生学习数学的兴趣和积极性,增强学好数学课程、用好数学工具的能力和信心,感受数学文化,品味数学魅力。

每学年举办丰富多彩的"睿思数学节"活动,为学生搭建展示数学能力的平台,让学生在活动中提升思维、在挑战中享受快乐。"睿思数学节"主要分为六个项目。

"运筹帷幄"之速算巧算大赛。一至六年级均可参与,速算巧算大赛里的数可以是整数、小数、分数,通过凑整、改变运算顺序等一些计算技巧,快速地计算出得数。此活动可以使枯燥无味的计算释放新的能量,培养学生的数感,激起学习的

兴趣。

"活灵活现"之有趣的图形。一至六年级均可参与,七巧板是一种古老的中国传统智力玩具,通过不同的摆放方式,可以有好多不同的图案。此项活动不仅可以锻炼学生手眼协调、空间想象力,还可以培养他们的空间感和空间想象能力。

"寻踪觅迹"之推理大赛。二年级至六年级均可参与,数独是一种推理游戏,最早源于瑞士,数独的种类也有很多,比如正方形的四宫格、九宫格、十六宫格;也有长方形的六宫格、八宫格、十二宫格等。此项活动可以培养学生的逻辑思维能力,提升数感和专注力。

"指尖流转"之魔方大赛。一至六年级均可参与,魔方大赛就是把打乱的魔方重新恢复。玩魔方能够锻炼手、眼、脑的协调能力,提高记忆力,提高整体观察能力和空间思维能力,拧魔方时要把魔方看成一个整体,整条整块地变动,要全面考虑,有利于提高自信心、计算能力,增加反应能力和应变能力,玩中带学。

"心中有数"之巧算 24 点。适合四年级及以上年级,巧算 24 点也就是从一副牌中抽出去大小王和 J、Q、K、A,剩下 40 张,任意抽取 4 张牌(称牌组),用加、减、乘、除(可加括号)使牌面上的数结果是 24,每张牌必须用一次且只能用一次。此活动不仅能提高学生四则混合运算的水平,还可以让更多的同学展示自己的智慧,在对决中证实自己的沉稳和睿智。

"学以致用"之票价的探究。适合高年级学生参与。地铁贴近我们的生活,其中票价的定价里面包含了一些数学知识,这样一些有探究性的知识,能够培养学生的探究以及合作能力。

这六个项目分别锻炼了学生的思维、计算、逻辑、创新、几何构想的能力,每个年级可以根据自己年级教学内容的特点选择合适的内容,来丰富学习内容,凸显学习乐趣。

"睿思数学"的课程实施,让我们的学生敢于质疑、善于思考、大胆创新,既帮助学生掌握了数学知识,丰富了学习历程,拓展了知识视野,也促进了学生情感、态度与价值观等方面的发展,实现了让每个孩子的思维之花绚丽绽放。

(撰稿者:徐建梅 张亚辉 克静 武伟 刘惠芳 张淑霞 张萍 荆亚丽 王颖 卢艳艳)

第三章
缤纷英语：让儿童推开缤纷世界之窗

　　多掌握一种语言，就多一种思维方式，多一种看问题的视角和能力。学习英语能让儿童更多地接触这个世界，了解这个世界。"缤纷英语"课程通过构建多种学习语言的途径和丰富的学习资源，在开放、活泼的氛围中激发学习英语的兴趣，提升语言交流的意识与能力，促进思维发展。儿童通过英语学习推开缤纷世界之窗，开启缤纷世界的快乐旅行。

郑州市管城回族区创新街小学教育集团共有 16 位优秀的英语老师，其中郑州市骨干教师 1 名，管城区骨干教师 3 名，管城区优秀教师 4 名。教研团队中采取年轻教师和老教师结对、班级与班级结对、个人与个人结对的方法，形成一个"比、学、赶、帮"的教研团队。我们依据教育部《关于深化课程改革落实立德树人根本任务的意见》及《义务教育英语课程标准（2022 年版）》，推进我校英语学科课程建设，真正让课程落地生根。

第一节　用探寻的目光看世界

在义务教育阶段开设英语课程对学生的未来发展具有重要意义。学习英语不仅有利于学生更好地了解世界,学习先进的科学文化知识,传播中国文化,增进学生与各国青少年的相互沟通和理解,而且还能为学生提供更多接受教育和职业发展的机会。学习英语还能帮助学生形成开放、包容的性格,发展文化交流的意识与能力,促进思维发展,形成正确的人生观、价值观和良好的人文素养。同时,学习英语能够为学生未来知识创新和科技创新储备能力,也能为学生未来更好地适应世界多样化、经济全球化以及信息化奠定良好的基础。

一、学科性质

《义务教育英语课程标准(2022 年版)》指出:"英语课程内容的选取遵循培根铸魂、启智增慧的原则,紧密联系现实生活,体现时代特征,反映社会新发展、科技新成果,聚焦人与自我、人与社会和人与自然等三大主题范畴。内容的组织以主题为引领,以不同类型的语篇为依托,融入语言知识、文化知识、语言技能和学习策略等学习要求,以单元的形式呈现。秉持在体验中学习、在实践中运用、在迁移中创新的学习理念,倡导学生围绕真实情境和真实问题,激活已知,参与到指向主题意义探究的学习理解、应用实践和迁移创新等一系列相互关联、循环递进的语言学习和应用活动中。坚持学思结合,引导学生在学习理解类活动中获取、梳理语言和文化知识,建立知识间的关联;坚持学用结合,引导学生在应用实践类活动中内化所学语言和文化知识,加深理解并初步应用;坚持学创结合,引导学生在迁移创新类活动中联系个人实际,运用所学解决现实生活中的问题,形成正确的态度和价值判断。"①

---

① 中华人民共和国教育部. 义务教育英语课程标准(2022 年版)[S]. 北京:北京师范大学出版社,2022:2.

小学英语课程通过丰富学习资源和构建多种学习语言的途径,让儿童在英语课程学习中形成开放、活泼的性格,发展跨文化交流的意识与能力,促进思维发展,形成正确的人生观、价值观和良好的人文素养,通过英语学习推开缤纷世界之窗。

二、学科课程理念

儿童通过"缤纷英语"课程提升英语核心素养,发展跨文化交流的意识与能力,了解世界多元文化,形成开放、包容的性格。因此,我们在"缤纷英语"课程的开设和实施过程中,总结出多样化学习、多彩化发展、多面化实践、多元化评价、多途径输出等理念。

(一) 缤纷英语——多样化学习

义务教育阶段英语课程的主要目的是为学生发展综合语言运用能力打基础,为学生继续学习英语和未来发展创造有利条件。缤纷英语的多样化学习体现在课堂教学中,把教师的单向教授变为师生共同进行学习的双向交流;利用课外小组活动来补充单一的课堂教学;把学生的学习方式从以个体为主变成以小组学习为主;把单一依靠课本和练习册的教学变为博取多种丰富的语言材料进行教学。

(二) 缤纷英语——多彩化发展

缤纷英语帮助学生打下扎实的语言基础,掌握良好的语言学习方法,在提高学生综合文化素养的同时,使其多彩化发展英语综合应用能力。听为先、说为练、读为主、写为重,听、说、读、写四种技能相互交错、相互作用、相互促进,不断地反复实践,多彩化发展英语综合能力。

(三) 缤纷英语——多面化实践

小学英语课程注重语言学习的过程,强调语言学习的实践性,主张学生在语境中接触、体验和理解真实语言,并在此基础上学习和运用语言。英语课程提倡采用既强调语言学习过程又有利于提高学生学习成效的语言教学途径和方法,尽可能多地为学生创造在真实语境中运用语言的机会。鼓励学生在教师的指导下,通过体验、实践、参与、探究和合作等方式,发现语言规律,逐步掌握语言知识和技能,不断调整情感态度,形成有效的学习策略,发展自主学习能力。

（四）缤纷英语——多元化评价

英语课程评价体系要有利于促进学生综合语言运用能力的发展,要通过采用多元优化的评价方式,评价学生综合语言运用能力的发展水平。缤纷英语多元化评价体现在:评价内容多元化、评价主体多元化(学生自评、学生互评、将评价延伸到家)、评价标准多元化、评价方式多元化。评价体系应包括形成性评价和终结性评价。日常教学中的评价以形成性评价为主,关注学生在学习过程中的表现和进步;终结性评价着重考查学生的综合语言运用能力,包括语言技能、语言知识、情感态度、学习策略和文化意识等方面。

（五）缤纷英语——多途径输出

丰富多样的课程资源对英语学习尤其重要。英语课程根据教和学的需求,提供贴近学生、贴近生活、贴近时代的英语学习资源。创造性地开发和利用现实生活中鲜活的英语学习资源,积极利用音像、广播、电视、书报杂志和网络信息等,拓展学生学习和运用英语的渠道。

总之,"缤纷英语"课程以培养学生的综合语言运用能力为目标,根据语言学习的规律和义务教育阶段学生的发展需求,从语言技能、语言知识、情感态度、学习策略和文化意识五个方面设计课程总目标和分级目标。这五个方面既重视培养学生的语言基础知识和基本技能,也注重优化学习过程,形成积极向上的情感态度和价值观,让儿童通过"缤纷英语"推开缤纷世界之窗。

第二节　让儿童体验英语的魅力

《义务教育英语课程标准(2022 年版)》指出:"英语课程内容由主题、语篇、语言知识、文化知识、语言技能和学习策略等要素构成。围绕这些要素,通过学习理解、应用实践、迁移创新等活动,推动学生核心素养在义务教育全程中持续发展。课程内容的六个要素是一个相互关联的有机整体,共同构成核心素养发展的内容基础。其中,主题具有联结和统领其他内容要素的作用,为语言学习和课程育人提供语境范畴;语篇承载表达主题的语言知识和文化知识,为学生提供多样化的文体素材;语言知识为语篇的构成和意义的表达提供语言要素;文化知识为学生奠定人文底蕴、培养科学精神、形成良好品格和正确价值观提供内容资源;语言技能为学生获取信息、建构知识、表达思想、交流情感提供途径;学习策略为学生提高学习效率、提升学习效果提供具体方式方法。"①

基于核心素养对学生的不同维度的要求,我校英语组以学生为本,以提高学生语言运用能力和发展学生的思维能力为指导思想,创设"缤纷英语"课程,来培养学生的综合语言运用能力,即从语言知识、语言技能、文化意识、情感态度和学习策略五个目标来分层实现。

一、学科课程总体目标

《义务教育英语课程标准(2022 年版)》指出:"英语课程要培养的学生核心素养包括语言能力、文化意识、思维品质和学习能力等方面。语言能力是核心素养的基础要素,文化意识体现核心素养的价值取向,思维品质反映核心素养的心智特征,学习能力是核心素养发展的关键要素。核心素养的四个方面相互渗透,融合互动,协同发展。"②

---

① 中华人民共和国教育部. 义务教育英语课程标准(2022 年版)[S]. 北京:北京师范大学出版社,2022:2.
② 中华人民共和国教育部. 义务教育英语课程标准(2022 年版)[S]. 北京:北京师范大学出版社,2022:2.

（一）语言技能

语言技能是语言运用能力的重要组成部分,主要包括听、说、读、写等方面的技能综合运用。

小学阶段学生应达到:能根据指令做事情,能学唱英语儿童歌曲和歌谣15到30首,能够运用最基本的日常用语进行口头表达,并且做到发音清楚,语调基本达意,能在教师的指导下用英语做游戏并在游戏中进行简单的交际。并且在教师的帮助和图片的提示下描述或讲述简单的小故事。能够看图识词,能模仿范例写句子,并且在书写过程中正确地使用大小写字母和常用的标点符号。能简单地写出问候语和祝福语,并且能根据图片、词语或例句的提示,写出简短的语句。基于课堂上每周20～25分钟试听,在教师的帮助下表演小故事或小短剧。

（二）语言知识

学生在义务教育小学阶段应该学习和掌握的英语语言基础知识,包括语音、词汇、语法以及用于表达常见话题和功能的语言形式。

小学阶段学生应达到:在一至六年级的学习过程中能够正确读出26个英文字母,了解简单的拼读规则,了解单词有重音,句子有重读,了解英语语音包括连读、语调、节奏、停顿等的目标;在日常会话中做到语音、语调基本正确、自然、流畅,并根据重音和语调进行变化;词汇方面,在知道单词由哪些词汇构成的基础上,并能根据单词的音、义、形来学习词汇。初步掌握并运用400个左右的单词来表达二级规定的相应话题。学生在语法功能话题方面,能够达到理解和运用某些语言表达形式,并且在实际运用中体会语法项目的表意功能。理解和运用有关下列功能语言表达形式:问候、介绍、告别、请求、邀请、致谢、道歉、个人情况、家庭与朋友、身体与健康等。

（三）情感态度

拥有积极的学习态度是英语学习成功的关键。教师在教学中不断激发并强化学生的学习兴趣。

小学阶段学生应达到:在英语学习中,能够体会到英语学习的乐趣,敢于开口、不怕出错误;乐于感知并积极尝试使用英语,积极参与各种课堂学习活动;在小组活动中能与其他同学积极配合和合作,遇到困难时能大胆求助,并且接触外国文化,提升爱国意识,拓展国际视野。

（四）学习策略

在英语教学中，教师有意识地帮助学生形成好的学习策略。小学阶段学生应达到：积极与他人合作、共同完成学习任务、遇到问题主动向老师或者同学请教；会制定简单的英语学习计划，并且对所学内容能主动复习和归纳；在词语与相应事物之间建立联想；在学习中集中注意力，并且在课堂交流中注意倾听、积极思考；尝试阅读英语故事及英语读物，积极运用所学英语进行表达和交流，注意观察生活中使用的简单英语，最终能够初步借助简单的工具书学习英语。

（五）文化意识

语言学习与文化意识的形成是相辅相成的。小学阶段学生应达到：知道英语中最简单的称谓语、问候语和告别语；对一般的赞扬、请求、道歉等作出适当的反应；知道世界上主要的文娱和体育活动；知道英语国家中典型的食品和饮料的名称；知道主要英语国家的首都、国旗、重要标志物等；了解英语国家中的重要节日，最终使学习者在学习和日常生活中，能初步注意中外文化差异。

二、学科课程年段目标

依据学科课程总目标、教材和教师用书，结合学校实际，依托"缤纷英语"学科课程理念，确立了循序渐进的英语课程的年段目标，来逐渐实现对语言综合应用能力培养，我们以四年级为例来说明（见表3-1）。

表3-1 "缤纷英语"课程四年段目标表

	上 学 期	下 学 期
四年级	第一单元 1. 能够在情景中运用句型：Where is ...？It's in/on/under/near the ...询问并回答物品的位置。 2. 能够听、说、认读句型：What's in the classroom? Let's go and see! Where is it? It's near the window. Let's clean the classroom. Let me clean the teacher's desk. 3. 学习礼貌言行，能够对请求、道歉等行为作出恰当反应。 4. 具有讲卫生、爱整洁的意识。	第一单元 1. 能够听、说、认读单词或词组：library, computer room, teachers' office, playground, music room, art room, first floor, second floor. 2. 能够在情景中运用句型：Is this/that ...？Yes, it is. /No, it isn't. 询问近处或远处的事物并回答。 3. 能够在情景中运用句型：Do you have a ...？询问对方是否拥有某事物。 4. 了解学校教室、场馆的名称及位置，感受到学校的漂亮与温馨，从而激发对学校的热爱。

上 学 期	下 学 期
	5. 了解校园日常行为规范,知道在什么场所做什么事情。
第二单元 1. 能够听、说、认读句型:What's in your schoolbag? An English book. / What colour is it? It's ... 2. 能够在情景中运用句型:What's in your ...? 询问并回答某处有什么物品。 3. 能够在情景中运用句型:What colour is it? It's ... 询问并回答物品的颜色。 4. 学习教科书名称时,使学生了解教科书的重要性,要求学生爱护书本。 5. 了解 Hope School(希望学校),Lost & Found(失物招领)的意思。	第二单元 1. 能够听、说、认读单词、词组和短语:music class, PE class, English class, breakfast, lunch, dinner, get up, go to school, go home, go to bed. 2. 能够在情景中运用句型:What time is it? It's ... 询问时间并回答。 3. 能够在情景中运用句型:It's time to/ for ... 来描述即将要做的事情。 4. 培养学生严格的时间观念,养成守时守纪的好习惯。 5. 了解地球上不同时区在同一时刻的时间是不同的。
第三单元 1. 能够听、说、认读单词:tall, strong, short, thin, friendly, quiet, hair, shoe, glasses. 2. 能够听、说、认读句型: What's his name? His name is Zhang Peng. He's tall and strong. Who's he? He has glasses and his shoes are blue. 3. 能够在情景中运用句型:What's his/ her name? His/ Her name is ... 询问他人的姓名或身份,并能回答。 4. 能够描述人物的性格或外貌特征。 5. 能够了解外貌描述中的文化禁忌,例如,不要对长得胖或戴眼镜等特征的同学有歧视性语言。	第三单元 1. 能够听、说、认读单词:cool, cold, hot, warm, rain, snowy, cloudy, sunny, windy. 2. 能够在情景中运用句型:Can I go outside now? Yes, you can. /No, you can't. What's the weather like in ...? It's ... 询问他人意见、天气情况并能进行回答。 3. 能够在情景中运用句型:It's ... and ... 和 It's ... in ... 描述气候特征和天气情况。 4. 关心日常天气变化,能够对气候特点和天气情况进行描述并能及时提醒家人、朋友根据天气变化更换衣服。 5. 能够了解气温描述中的文化差异,了解华氏及摄氏温度的概念。
第四单元 1. 能够听、说、认读单词:bedroom, living room, study, kitchen, bathroom, fridge, sofa, phone, table, bed. 2. 能够在情景中运用句型:Is she in the ...? Yes, she is. /No, she isn't.	第四单元 1. 能够听、说、认读单词:cow, hen, sheep, horse, tomato, potato, carrot, green bean 及其复数形式。 2. 能够在情景中运用句型:What are these/those? They're ... 询问并回答各种蔬菜或动物的名称。

上　学　期	下　学　期
Where are the …? Are they in …? Yes，they are. /No, they aren't. 询问物品、人物的位置并做出相应判断。 3. 能够在情景中运用句型：Open the door, please. 提出行动建议。 4. 能够描述家里的居室及物品设施。 5. 能够感受到家的温馨，从而激发学生爱家、爱家人的情感。 6. 能够主动收拾物品并摆放整齐，养成良好的生活习惯。	3. 能够在情景中运用句型：They are so big/long/ cute. 描述物品特点。 4. 能够正确使用 these/those 介绍各种农场动物及蔬菜。 5. 能够填充短语或句子，做到书写规范。
<div align="center">第五单元</div>1. 能够听、说、认读单词： 　beef，bowl，spoon，fork，knife，soup，chicken，noodles，vegetable，chopsticks. 2. 能够在情景中运用句型：What would you like（for …）? I'd like … 征求并表达用餐意愿。 3. 能够在情景中运用句型：Help yourself. Would you like …? Yes, please! /No, thanks. I can use … 提出用餐建议和餐具使用建议，并恰当回应。 4. 能够正确表达用餐意愿和餐具使用情况。 5. 初步了解中西方餐饮文化的差异。	<div align="center">第五单元</div>1. 能够听、说、认读衣物类单词：clothes，hat，pants，dress，coat，shirt，jacket，sweater，shorts，socks. 2. 能够在情景中运用句型：Are these yours? Yes，they are. /No, they aren't. Is this John's? Yes, it is. / No, it isn't. 询问并回答物品的主人。 3. 能在情景中恰当运用句型：It's Mike's. They're Chen Jie's. 表述物品的主人。 4. 能够在情景中运用句型：Whose coat is this? It's mine. Whose pants are those? They're your father's. 询问并回答某物的主人。 5. 能够简单介绍衣着。 6. 建立朴素大方的审美观，养成及时整理个人物品的习惯。
<div align="center">第六单元</div>1. 能够听、说、认读单词： 　baby，brother，parents，cousin，uncle，aunt，doctor，cook，driver，farmer，nurse. 2. 能够在情景中运用句型：How many people are there in your family? 询问并回答家中有几位家庭成员；能够在情景中恰当运用句型：My family has six people. That's only five.	<div align="center">第六单元</div>1. 能够听、说、认读单词：gloves，scarf，umbrella，sunglasses，pretty，cheap，nice，expensive. 2. 能够在情景中运用句型：Can I try … on? Size …，please. 请求试穿某件衣物并告知尺码。能够在情景中运用句型：How do you like …? 询问对某商品的意见。 3. 能够在情景中运用句型：How much

上 学 期	下 学 期
3. 能够在情景中运用句型：Is this your ...？ Yes，it is. What's your ...'s job？ He's/She's a ...询问并回答某人与说话方的亲属关系及其职业情况。 4. 能够在语境中正确使用有关家庭成员和职业的单词或词组简单介绍家庭成员及其职业。 5. 能够体会并表达对家庭和生活的热爱之情，能够了解英语国家中家庭成员之间的称呼习俗。	is ...？ It's ...问答某商品的价格；能够在情景中运用句型：It's very/too... They're very/too ...描述某物品。 4. 能够正确介绍衣着并描述价格。 5. 了解衣服大、中、小号的英文表达以及主要英语国家的货币名称及符号。

　　英语课程的总体目标是培养学生的综合语言运用能力，是建立在学生语言技能、语言知识、情感态度、学习策略和文化意识之上的。通过课程激发学生学习英语的兴趣，培养学生英语学习的积极态度，建立学生学习英语的自信心。

第三节 构建缤纷的英语乐园

我校开设的"缤纷英语"课程,依据学生的年龄特点,基于教材内容,共开设 32 种课程。

一、"缤纷英语"课程结构

"缤纷英语"课程是以各种活动的开展作为载体,能够为学生提供更多学以致用的机会,从而更好地贯彻了交际性原则,弥补了课堂英语教学的缺陷。《义务教育英语课程标准(2022 年版)》指出:"英语课程要培养的学生核心素养包括语言能力、文化意识、思维品质和学习能力等方面。"①"缤纷英语"分为"缤纷词典""缤纷情境""缤纷美文""缤纷世界"四个板块(见图 3-1)。

图 3-1 "缤纷英语"课程结构图

---

① 中华人民共和国教育部.义务教育英语课程标准(2022 年版)[S].北京:北京师范大学出版社,2022:2.

在图 3 - 1 中，各板块课程如下。

（一）缤纷词典

"缤纷词典"与"语音与单词"相对应，包括"自然拼读、读背单词"等相关联的趣味游戏的拓展课程。开设的课程有：字母积木、打卡宝贝、单词接龙、头脑风暴、魔法盒子、超级词霸、快闪宝贝、Bingo 等。通过一系列缤纷词典的课程活动，学生能够将所学的教材内容以正确的形式在脑海里储存、再现，从而建立语感，提高语言运用的能力。通过这个层次的活动要让学生把初步掌握的语言知识和言语技能在实情实景中应用，让学生在运用中学会运用的方式、场合，从而提高交际能力。教师应设计一些能够概括所学内容、启迪思维发展的活动；要充分考虑实用性、交际性、可控制性、可反馈评价性和艺术性。

（二）缤纷情境

"缤纷情境"与"对话教学"相对应，将对话内容与学生的生活相结合，为学生创设相应的对话情境。开设的课程有：英语角、Talk show、Face to face、最佳拍档、群星我秀、黄金搭档、藏宝图、角色反转等。教师将教学内容变得更加生动化、生活化。例如，在三年级英语教学的"We love animals"中，教师先建议家长在周末的时候带学生到动物园进行参观，使学生能对小动物有一定的认识，并且了解一些小动物的生活习性和特点。然后在课堂教学的过程中，教师再引导学生进行故事讲述和角色扮演活动，让学生对自己所看到的小动物进行描述，讲一讲它们的生活习性，并谈一谈它们的样子和叫声等。这种方式不仅对学生的自信心提升有所帮助，同时学生也能在对话交流中提升学生的英语应用能力。

（三）缤纷美文

"缤纷美文"与"英语的朗读与阅读"相对应。开设的课程有：Do Re Mi、美音英韵、阅读大本营、美式学舌、美文之声、书写达人、我爱读绘本、我是小作家等。教师在趣味阅读中要注重交际用语和生活用语的使用，要启发孩子们对于文本中所描绘现象的思考。只有同时满足趣味性和实用性的阅读，才能真正起到小学英语阅读的原本作用。教师演示介绍阅读的方法，然后让学生做阅读练习，让学生知道在独立阅读时如何运用这些技巧和策略。把课堂教学与培养学生平时的阅读习惯结合起来，帮助学生建立和培养良好的阅读习惯。

（四） 缤纷世界

"缤纷世界"与"英语社团和英语活动"相对应,突显学生综合运用英语的能力。开设的课程有:"剧"精彩、环球宝贝、趣配音、Party time、英文曲库、影海冲浪、小小奥斯卡、模拟联合国等。通过缤纷英语短剧社团、缤纷配音社、缤纷演讲社开设的一系列英语社团活动中,从学生自我意识明显、语言学习能力强、接受新鲜事物快的实际情况出发,侧重开展习得英语的拓展训练,为学生交流语言习得、展示语言交际能力提供平台,增强英语意识和英语能力,进一步发展校本课程,让孩子们进一步体验学习英语的快乐,激发学习英语的兴趣,养成良好的英语学习习惯,发展儿童的个性,提高儿童的综合素质,促进儿童的全面的发展,展示儿童的英语才华。

二、学科课程设置

小学英语学科课程分为:基础型课程、拓展型课程和活动型课程。基础型课程关注知识体系的建构、词汇与句型的积累、语言技能的培养、中西文化的差异。它是知识的主要载体,也是学生学习的重要信息源。拓展型课程为学生拓宽信息渠道和学习空间,根据学生基础选编教材,包括韵律儿歌、口语交际和各种符合学生发展的拓展阅读等,关注语言积累与能力培养。活动型课程培养学生"用英语做事"的能力,包括主题活动和俱乐部活动。主题活动内容源自书本的相关背景文化,如西方家庭生活、学校生活和节日文化等。英语俱乐部借助英语故事比赛、短剧表演、小报编辑和快乐写作等活动,促成儿童英语语言的灵活运用。基于三种课程类型和"缤纷词典""缤纷情境""缤纷美文""缤纷世界"这四大板块,"缤纷英语"课程的设置如下(见表3-2)。

表3-2 "缤纷英语"课程设置表

年级	学期	缤纷词典	缤纷情境	缤纷美文	缤纷世界
三年级	上期	字母积木	英语角	Do Re Mi	"剧"精彩
	下期	打卡宝贝	Talk show	美音英韵	环球宝贝
四年级	上期	单词接龙	Face to face	阅读大本营	趣配音
	下期	头脑风暴	最佳拍档	美式学舌	Party time

年级	学期	缤纷词典	缤纷情境	缤纷美文	缤纷世界
五年级	上期	魔法盒子	群星我秀	美文之声	英文曲库
	下期	超级词霸	黄金搭档	书写达人	影海冲浪
六年级	上期	快闪宝贝	藏宝图	我爱读绘本	小小奥斯卡
	下期	Bingo	角色反转	我们毕业了	模拟联合国

三、学科课程内容

依据《义务教育英语课程标准（2022年版）》及"缤纷英语"的学科理念，英语教师在教学过程中设置生活情境，确立嵌入式课程，为小学生创造了良好的语言运用环境。教师通过创设快乐和谐的学习氛围，利用听、说、读、写、玩、演、视、听、做等教学手段对学生进行英语语言浸润式教学，帮助学生在实践中提高使用语言的能力，并且能够保持学生学习英语的乐趣（见表3-3）。

表3-3 "缤纷英语"课程内容表

年级	学期	课程名称	学习目标	学习要点
三年级	第一学期	字母积木	1. 会唱英文歌曲《ABC song》。 2. 能正确认读并书写26个字母。 3. 能听到字母说出它对应的发音。	1. 抢读字母，字母认读练习。 2. 听音辨字母，辨析容易混淆的字母。 3. 快速反应，字母发音练习。
		Do Re Mi	1. 通过听听、说说、唱唱等形式，感受到学习英语的快乐，从而提高学习英语的兴趣。 2. 通过英语歌曲自然习得英语的音韵、词汇和词义，形成一定的语感和良好的语音语调。	1. Listen, read and sing. 感知歌曲，跟唱歌曲，习得歌曲。 2. I'm a little singer. 替换歌词，旧谱编新歌，争当歌唱家。
		英语角	1. 增强语言输入和输出能力。能跟人打招呼，大方地介绍自己、问候他人、向他人介绍朋友。询问年龄并作答，向别人表达生日祝福等。 2. 提高综合运用语言的能力。	1. Bring me. 寻找自己的对话小搭档。 2. Body parts musical madness. 快速搭档，合作交流，增强语言输出。

年级	学期	课程名称	学习目标	学习要点
		"剧"精彩	1. 提高学习英语的兴趣。 2. 通过观看视频，了解故事内容，体验纯正、原版的英语文本。 3. 掌握绘本中生动的语言。	1. look and say. 跟读绘本，模仿语音语调。 2. The ship comes loaded. 造句接龙，根据绘本的主要句型，举一反三，进行替换练习
	第二学期	打卡宝贝	1. 能正确听、说、认读单词。 2. 能在实际生活中正确使用单词。 3. 能逐步做到见符合发音规律的单词能拼读，听到符合发音规律的单词能拼写。	1. Quick peek. 偷瞄一眼，单词闪现，抢答单词。 2. Slow motion. 慢动作，逐步展示完整图画内容，抢答单词。
		美音英韵	1. 能正确理解故事大意。 2. 能按照正确的意群及语音语调朗读故事内容。 3. 能用正确的发音表演出故事内容。	1. Brainstorm Rummy. 头脑风暴，回顾故事单词，句型。 2. Can't stop. 勇攀高峰，表演模仿故事内容。
		Talk show	1. 能介绍自己的家庭成员。 2. 会描述家庭成员的外貌特征。 3. 介绍家庭成员的国籍，年龄。	1. Who is he/she? 猜猜他/她是谁？ 2. Family tree. 家庭成员的介绍。 3. Family photo. 画出自己的家庭全家福。
		环球宝贝	1. 知道复活节时间、代表性游戏及活动。 2. 了解复活节文化，感受西方节日魅力。 3. 会制作复活节彩蛋。	1. New world. 西方复活节的介绍。 2. Have you ever ...? 彼此之间的信息交流。
四年级	第一学期	单词接龙	1. 能掌握词汇的音、义、形，并且能够在交际活动中运用所学词汇进行交流。 2. 能正确掌握字母在单词中的发音规律和规则。 3. 能够基本做到见词能读、听音能写。	1. Bingo. 听写认读单词或音标。 2. 闪卡，快速巩固词汇。 3. Listen and circle.
		阅读大本营	1. 能够理解故事并听录音指图讲故事。 2. 能朗读故事并表演故事，并恰当运用故事中的语言。	1. Look and say. 看图描述故事内容。 2. Ask and answer. 3. Role-play. 角色扮演。

年级	学期	课程名称	学习目标	学习要点
		Face to face	1. 能够掌握并归纳个别字母组合在单词中的发音规则。 2. 能正确认读符合该字母组合发音规则的单词。 3. 能够根据单词的读音拼出符合该字母组合发音规则的单词。	1. Let's paint. 涂颜色，找出相应的字母组合。 2. Read and find. 听音感知字母组合的发音。 3. Look and guess. 观察并猜测单词中的字母组合发音。
		英文曲库	1. 通过学习英语歌曲，巩固新学语言知识或复习旧知识。 2. 能够通过感知歌曲的韵律，边唱边跳，从而加深印象。 3. 能够通过歌谣调节课堂气氛，提高对英语学习的兴趣。	1. Listen and sing. 听一听，唱一唱。 2. Let's have a match. 歌谣比赛。
第二学期		头脑风暴	1. 通过多种形式的练习，培养创新思维，引导大胆想、大胆说。 2. 能通过一个单词的发挥联想，用英语从多角度表达出与该单词词义有关联的任何单词、句子。	1. Brain storm. 通过看图联想相关的词汇或者句子。 2. Magic Banana. 通过香蕉开始联想一系列有关联的词汇及句子。
		美式学舌	1. 能够听、说、认、读有关天气的词汇。 2. 能够在情境中询问他人意见、天气情况并能进行回答。 3. 能够描述气候特征和天气情况。 4. 能够准确描述相应地点的天气情况。（华氏及摄氏温度）	1. Weather report. 2. Ask and answer. 观看视频并问答。 3. Listen and read. 4. A little reporter.
		最佳拍档	1. 能描述学校的教室、场馆名称及相应的位置。 2. 能够在情景中运用所学句型来询问时间并回答。 3. 能够描述在相应的时间里即将要做的事情。	1. Look, ask and answer. 看图问问题并回答。 2. Watch a video. 观看视频学习情景对话。 3. Pair work. 小组模拟对话。 4. Situational dialogue. 模拟上学情景。

年级	学期	课程名称	学习目标	学习要点
		Party time	1. 能够听、说、认读衣物类词汇。 2. 能介绍衣着并且描述价格。 3. 能够在购物的情景中以得体的方式与人交流。	1. Shopping list. 购物清单。 2. Can I help you? 购物流程。 3. Make a new dialogue. 新对话。 4. Show time. 小组展示。
五年级	第一学期	魔法盒子	1. 在语境中运用这些单词询问并回答关于人物性格或外貌特征的问题。 2. 正确运用所学单词和词组描述自己的日常课程安排和周末生活。 3. 在有意义的语境中运用单词描述食物或饮品的味道及其他特征。	1. 看谁想得多（拼读单词练习）。 2. 单词积木（连词成句练习）。 3. 看谁写得快（默写单词的练习）。
		群星我秀	1. 能够理解对话大意，按照正确的意群及语音、语调朗读对话并进行角色扮演。 2. 能够根据主题创编新的对话内容。	1. Read after me. 跟读对话，注意模仿语音语调。 2. 最佳搭档，小组进行角色扮演，展开对话。 3. 小小聊天室，小组活动创编新的对话内容。
		美文之声	1. 按照正确的意群和语音、语调朗读课文内容并完成课后练习。 2. 在单线上完成抄写句子，做到书写规范。	1. Read silently. 泛读短文。 2. 问题专家，对生僻的单词提出疑问。 3. 拆弹专家，通过精读解决问题。 4. 小小读书郎，大声朗读短文，注意语音语调。
		趣配音	1. 激发学习兴趣，并增强语言输入能力。 2. 提高对语音模仿的能力。 3. 提升口语能力，在生活中能够自然流利地表达。	1. 短片欣赏：观看配音片段。 2. 我来模仿：模仿角色的语音语调。 3. 表演大课堂：表演所配片段的内容。 4. 声临其境：看画面，对口型，配上流利地道的英语。
	第二学期	超级词霸	1. 能够在情景中用所学单词和词组描述日常生活、活动安排。 2. 合理使用序数词。 3. 能够根据发音规则拼读、拼写单词。	1. Pictionary. 你画我猜，相互配合，一个比画，一个说出所比画含义的单词。 2. Cross puzzle. 成语接龙。

年级	学期	课程名称	学习目标	学习要点
		书写达人	1. 在熟练掌握单词的基础,能够在四线三格上按要求规范书写。 2. 熟练运用句子、国家地名、人物名称等特殊单词首字母大写的规则。	1. Ask and write. 一问一写,以汉译英的形式写出单词。 2. Read and write. 阅读短文,将文章重点单词书写出来。
		黄金搭档	1. 能够运用核心句型练习句子,并能正确地朗读。 2. 能够在创设情境中熟练运用所学句型。	1. Ask and answer. 你问我答,在理解的基础上熟练运用。 2. Make sentences. 根据所创设的情境,选择适合的句型。
		影海冲浪	1. 通过看电影激发英语学习的兴趣,提高听力和口语能力。 2. 通过欣赏、练习片段,能够进行简单的配音或是表演出喜欢的小片段。	1. Role and play. 角色扮演,给自己喜欢的人物进行配音。 2. Make a dialogue. 编故事,通过对电影的了解尝试编出新的剧情。
六年级	第一学期	快闪宝贝	1. 总结小学阶段所学的语音知识。 2. 通过语音、语调的认识,提高拼读单词的水平,最终提升英语阅读能力。	1. 5×5Word Game. 二十五宫格填字,增加单词拼写及释义的理解。 2. Alphabet Hunt. 头文字猎,锻炼词汇量。 3. Angry Soup. 字母花片汤,激发造句兴趣。
		我爱读绘本	1. 能够在图片的帮助下正确理解意群、语音、语调,准确朗读绘本。 2. 能在实际生活中正确运用绘本中的单词、句型表达自己的想法或观点。	1. Three Part Sentences. 组装句子,先说句子之后再把所说内容书写出来。 2. Twenty Questions. 刨根问底,用简单的问题对文本内容提出疑问,通过问题更好地理解文本。
		藏宝图	1. 能够通过看图捕捉主要信息,并根据提示作出听前预测。 2. 能够通读文段,获取主旨大意和细节信息,通过相关细节猜测词义,并能进行推理判断。	1. Room Maps. 填地图,锻炼读图的能力,并要求学生正确规范书写。 2. Steps. 步步为营,通过对文本的阅读,逐步理解其内容。

年级	学期	课程名称	学习目标	学习要点
		小小奥斯卡	1. 提高对英语学习的兴趣。 2. 电影里的词汇和短语提供了真实活泼的语言环境使其记忆深刻。	1. Pantomime. 哑剧游戏,对规定的动词或词组进行动作描述,其他同学猜测并表演。 2. Perfect Match. 最佳搭配,在寻找"最佳搭配"中提问、回答。
		Bingo	1. 在情境中恰当运用句型,比较人、动物的外貌特征。 2. 运用所学的语音知识,正确读出相应单词或短语。 3. 知道英语句子的朗读技巧,能够使用正确的语调朗读不同类型的句子。	1. Comparison Game. 熟练掌握形容词的用法。 2. Back Draw. 背后写字,通过书写和感觉完成对单词的复习,同时也是在传递一种信任和交流。 3. Sticky Fingers. 听音辨音,锻炼对清、浊辅音或是相似发音的辨听能力。
	第二学期	我是小作家	1. 从不同视角认识职业,明白能从事某些职业应具备的条件,构思自己的职业梦想。 2. 在写作中,做到书写准确、规范。	1. Drawing Body Parts. 人物素描,根据教师指令完成一幅画并进行故事性描述。 2. Comic Writing. 漫画写作,小组合作进行开放性写作。
		我们毕业了	1. 掌握一般过去时,一般现在时和一般将来时的用法。 2. 用正确的时态描述自己的日常生活。	1. Definition Poker. 猜猜我是谁,训练对词语用法的阐释能力。 2. Take My Place. 换位思考,训练对"What should I do . . . ?""You can . . ."等句型的运用。
		模拟联合国	1. 通过亲身经历熟悉联合国等多边议事机构的运作方式,基础国际关系与外交知识,并了解世界发生的大事对学生未来的影响,了解自身在未来可以发挥的作用。 2. 开阔视野,激发学习潜能,锻炼领袖才能。	1. Agree to Disagree. 辩论赛,对于所提观点阐明自己的态度,说明理由。 2. Positive/Negative Opinions. 正方反方,说出此话题的观点和看法,也可以是对当前的某种现象的认知。

"缤纷英语"课程激励教师自觉加强中外文化修养,拓宽知识面;根据教学目标、学生需要,积极地、创造性地探索有效的教学方法;不断对自己的教学行为进

行反思,努力使自己成为具有创新精神的研究型教师。"缤纷英语"课程为学生创造了良好的语言运用环境,帮助学生在实践中提高使用语言的能力,并且能够保持学生学习英语的乐趣。

第四节　在英语舞台上展现自我

　　《义务教育英语课程标准(2022 年版)》指出:"义务教育英语课程体现工具性和人文性的统一,具有基础性、实践性和综合性特征。学习和运用英语有助于学生了解不同文化,比较文化异同,汲取文化精华,逐步形成跨文化沟通与交流的意识和能力,学会客观、理性地看待世界,树立国际视野,涵养家国情怀,坚定文化自信,形成正确的世界观、人生观和价值观,为学生终身学习、适应未来社会发展奠定基础。"①"缤纷英语"在国家课程的基础上进行多元化、多样化、多途径的教学形式,儿童通过"缤纷英语"课程提升儿童英语核心素养,发展跨文化交流的意识与能力,了解世界多元文化,形成开放、包容的性格,促进思维发展。根据"缤纷英语"的课程理念、学科性质、课程目标等方面的要求,将从"缤纷课堂""缤纷课程""缤纷学习""缤纷社团""缤纷英语节"等五个方面进行课程实施。

一、构建"缤纷课堂",彰显课堂魅力

　　"缤纷课堂"是在关注语言知识和技能的同时,培养学生积极的情感态度、价值观、良好的跨文化意识和有效的学习策略的英语课堂。缤纷课程是基于语言学习的综合英语学习课程,内容和活动以语言为基础,发展各项能力与品格,从而可以很好地培养每一项核心素养。通过缤纷课堂的学习,学生能逐渐发展语言意识和英语语感,获得并在语境中整合性运用所学语言知识,理解口语和书面语语篇所传递的意义,识别其恰当表意的语言手段,有效地使用口语和书面语传递意义和进行人际交流。

　　激发兴趣。兴趣是最好的老师,在英语学习过程中使学生树立自信心,初步养成良好的学习习惯,形成有效的学习策略。

---

① 中华人民共和国教育部. 义务教育英语课程标准(2022 年版)[S]. 北京:北京师范大学出版社,2022:2.

培养语感。英语教学的核心理念是使学生形成较好的语感,打下良好的语音基础,掌握一定的英语基础知识和听、说、读、写技能,形成一定的综合语言运用能力。

拓宽视野。培养学生的观察、记忆、思维、想象能力和创新精神;帮助学生了解世界和中西方文化的差异,拓展视野,培养爱国主义精神,形成健康的人生观,为学生的终身学习和发展打下良好的基础。

加强表达。英语口语表达是证明小学生英语语言能力的最有效方式。我们应该在课堂上多提供机会,并鼓励学生学会用英语表达。扩展教学课堂,充分利用空闲时间,让学生有更多表达英语的机会。

二、设计"缤纷课程",激发英语学习兴趣

"缤纷课程"是坚持以多媒体教学、情境教学、游戏教学、绘本教学、综合实践教学相结合的课程,让课堂教学活起来,让学生动起来,寓学于乐。由过去单一的课程设置,变成目前多元化的课程,让老师和学生共同开阔了视野,提高英语学习兴趣,让英语学习变得不再是一件难事。

"缤纷游戏"课程。教学流程为"回顾旧知—游戏呈现—模仿操练—知识巩固"。这种模式在目前小学英语课堂教学中被频繁使用。教师通过运用表演、实物、图片、玩具、模型等形式让孩子们在游戏中学习英语。

"缤纷交际"课程。在小学英语课堂教学中,情景交际模式也是被广泛采用的教学模式之一。语言的学习必须在特定的情景中实施。因此,在学习中生成语境和话题,并创设真实的语言环境是语言学习的根本。

"缤纷绘本"课程。英语绘本故事题材广泛、信息量大,有利于弥补英语课堂教学的不足。在小学英语教学中引入绘本的阅读,有利于扩大学生的知识面,培养学生综合运用语言的能力。在英语绘本阅读中,教师可以采取以下模式:设定任务—合作完成任务—展示成果—绘本阅读;我们也可以进行以下教学方式:阅读—讨论—展示;听音—朗读—讨论;阅读—归纳—讨论—写作等。

"缤纷实践"课程。确定主题→设计活动→学习与练习→交流与展示。例如:在讲授人教版(三年级起点)六年级 Unit 2 Ways to go to school 第四课时,教师先播放了一段人们在十字路口处过马路的视频,孩子们认真观看后评价视频中人们

的行为并发表自己的看法,教师顺势引入词组 traffic lights,让孩子们尝试用英语讲讲自己知道的过马路时的注意事项并讨论交通信号灯的作用以及行人应当如何安全地过马路,小组讨论后展示交流的结果,然后归纳总结,最后展示学习成果。

三、倡导"缤纷学习",使学生会学、乐学

"缤纷学习"是指儿童能够主动学习,有自我提升的意识、品质和潜能,能够实现英语学习目标、全面发展和终身学习。其中适应性学习最为关键,比如适合不同学习需求的单词记忆词典、适合不同风格的读物等。学生通过学习,具有持久的英语学习兴趣、主动的学习态度和明确的学习目标,运用恰当的学习方法开展自主学习、合作学习和探究学习,有效监控和管理学习过程,多渠道获取学习资源。

《义务教育英语课程标准(2022 年版)》指出:"英语综合实践活动学习主题的确定要充分考虑学生的学习兴趣,根据英语学习内容和现实生活确定任务及问题,引导学生通过实践与探究,综合运用英语和其他课程所学知识解决问题,拓展并加深学生对自我、社会和自然的认知与体验。英语综合实践活动的目标要体现整体性,强调学生的全面发展。学习进程中各个环节的设计与实施要有效促进实践活动目标的达成。"①

培养自主学习能力。教师在教学过程中,要重视培养学生的自主学习能力。语言学习,靠的就是交际。在英语教学中,一方面注意营造民主、平等、和谐的课堂氛围,让学生敢于参与、乐于参与。另一方面重视创设情境,让学生身临其境,在真实的语言情境中运用英语交流,积极主动地投入到教学活动中,轻轻松松地获得知识,提高能力。托尔斯泰曾说过:"成功的教育所需的不是强制,而是激发学生的兴趣。"因此,教师必须压缩"讲"的时间,把更多的时间、更多的机会留给学生,教会学生自主学习的方法,培养学生课前预习的能力,引导学生掌握自主学习的策略,懂得体验自主学习的乐趣。

---

① 中华人民共和国教育部. 义务教育英语课程标准(2022 年版)[S]. 北京:北京师范大学出版社,2022:3.

重视合作学习能力。合作学习以其独特的优势、超前的意识和科学的方法，对我国的教学改革产生了强烈的冲击，开拓了教学改革的新领域。小组合作学习是一种十分重要的学习方法，在这种学习方法中，学生的主体参与、勤奋思考以及主动构建是十分值得关注的。这种学习方式以学生为中心，顺应了当前教育形势的发展。小组学习继承了传统学习的一些优势，同时又与传统教学有着本质的区别，主要体现在小组合作学习是以小组为单位的，它发挥了学生的主观能动性，让学生相互交流，一起探讨，有利于学生综合素质的提高，因此，小组合作学习成为现代英语教学的主流方法。在课堂教学中，我们应大量开展合作学习，培养合作精神。

激发探究学习能力。探究学习是以师生共同探究来促进学生掌握知识，让学生经历知识发生、发展全过程的一种学习方式。教师可以大胆采用任务教学法，鼓励学生勇于探究，提出问题，形成假设，并通过科学方法进行检验求证，得出结论等，引导学生运用英语学习策略，寻找不同的解决办法，解决英语学习问题。比如探究英语语言、探究英语学习方法、探究语篇逻辑关系和句子理解等问题，能够激发学生解决问题的兴趣和热情，学生能够依据特定的语言情境和具体条件，选择制定合理的解决方案，将创新理念生活化、实践化，从而形成深刻印象。

四、成立"缤纷社团"，凸显运用英语能力

"缤纷社团"是立足于现实，着眼于学生的未来学习和发展，是课堂教学的补充和延伸，为培养学生的英语学习兴趣，激发儿童的英语学习积极性，丰富学生的课余生活而设立的。社团活动能使学生进一步体验学习英语的快乐，进一步激发学生学习英语的兴趣，培养良好的学习习惯，发展学生的个性，提高学生的综合素质，促进学生的全面发展。

缤纷英语短剧社团。在活动中，我们本着以学生为主体，教师为主导的原则，把活动设计为小组活动、英语编写活动、英语表演等形式。通过开展英语课堂活动，提高学生能力，也促进英语课堂教学。学生是活动的中心，一切活动都是学生自己设计并参与，学生的个性得到了充分的发展。活动中，学生使用英语表达自己的想法的同时，提升了自信心，增强了合作意识，拓展了视野，养成了健康向上的品格。

缤纷配音社团。儿童在课堂上通过观看原声的配音作品并聆听优美的发音，以此来练习每一次的配音作品。为了充分调动儿童的积极性和好奇心，教师设计各种模式让学生练习配音，并且用夸张的动作和表情进行演绎。在配音过程中，儿童亲身体验着配音带来的乐趣，其口语能力、思维和语感、想象力、表现力上也得到了提升。

缤纷演讲社团。以学生关注的热点话题为起点，营造良好的英语学习氛围。通过缤纷演讲社团活动，使学生进一步体验英语的快乐，进一步激发学生学习英语的兴趣，培养学生良好的习惯，发展学生的个性，进一步开发学生内在的语言潜能，提高学生的英语素质，展示学生的英语才华。

缤纷阅读社团。北师大王蔷教授说："国家课程中所涉及的阅读教学时，过多地倾向于对词汇、语法等语言结构或者知识点的讲授，忽视学生的语言综合运用能力、英语阅读的育人价值以及语言所蕴含的文化内涵。那个时期的英语阅读对发展学生的学科核心素养并未起到应有的作用，缺失真正意义上的英语阅读教学。"[1]为了提高学生们学习英语的兴趣，有效地了解使用英语国家的风土人情，在阅读中培养学生的英语语感，学校开设了缤纷英语趣味阅读社团，通过阅读英语课外读物，不仅可以激发学生学习的动机，还能培养学生的自学能力，创新思维的发展，也能带动听说读写能力的全面发展。

缤纷歌唱社团。开设缤纷歌唱社团，旨在提高学生的英语水平，扩充英语词汇量，充分挖掘学生的潜能，培养学生学英文的兴趣。同时通过经典英文歌的学习，让学生全方位地了解英语国家的文化背景，提高学生的学习知识面，培养学生良好的道德品质和人文素养，培养学生的国际参与意识和跨文化交际能力；发展学生的个性，提高学生的素质。以提高学生英语语言综合能力运用为基本宗旨，以提高学生学习英语兴趣为目的，培养学生的合作意识与创新精神。

五、开展"缤纷英语节"，提供英语展示平台

"缤纷英语节"为了充分挖掘每个学生的潜质，力争使每个孩子人人参与、人人快乐、人人有收获，让校园英语节成为每个孩子的节日，让每个孩子从轻松愉快

---

① 王蔷，陈则航. 中国中小学英语分级阅读标准[M]. 北京：外语教学与研究出版社，2016：20.

的活动中感受英语、应用英语、体验学习英语的快乐,让每个孩子在活动中找到自信,使学生想说、敢说、能说、乐说。

为了丰富学生的校园文化生活,激发学生学习英语的兴趣,促进学生和谐发展营造一个充满快乐的英语学习氛围。在每年5月和11月,开展一系列"缤纷英语节"节日活动,在全校掀起爱英语、学英语、用英语的高潮。

创设"缤纷英语节"文化氛围。同学们用英语问候老师、学生间日常交流能说英语尽量说英语,提倡用双语交流,充分拓展"英语校园"的空间,形成浓厚的校园英语氛围;"缤纷英语节"期间,校园广播在学生放学时间段将播放适宜小学生优美动听的英文歌曲和 chant 篇目,教师要倡导学生去听去模仿,形成一种欣赏品味英语歌曲的氛围;英语任课教师要熟悉基本的英语课堂教学用语,尽量使用英语组织教学,由浅入深,如课堂礼仪、师生问好、课堂评价等。所有教师要尽可能多的学习一些相关的英语口语,尽可能去引领学生间、师生之间用英语交流;英语任课教师根据各学段学生的年龄特点和学习程度,给学生推荐一些合适的经典英语影视作品(推荐原声英语)和绘本书籍,供学生在学习之余去观看,让学生在感受经典作品的魅力之外,也为学生提供纯正的英语资源。

组织"缤纷英语节"大赛活动。通过单词听写大赛、手抄报设计、英文歌手大赛等活动,展示学生的英语才能。让每个孩子找到自己身上学习英语的潜力,增强自信心,增强开口讲英语的能力,努力培养学生的创新精神和实践能力。

Running Words 英语单词听写大赛。三至六年级英语老师负责整理出适合本年级的100个单词给学生进行背记,并且于"缤纷英语节"期间课堂上进行听写大赛,听写单词量为30个,使用统一的听写比赛用纸,各个年级按照一等奖20%,二等奖30%,三等奖50%的学生比例评出获奖名单,学校进行统一的颁奖表彰。

Funny Animals 快乐英语手抄报设计比赛。以"可爱的动物"(Funny animals)为主题,选取相关的小故事、对话、常识或者文化活动等内容,由学生自行设计,以英文为主,可以配以适量的中文解释,要求选材健康,设计美观大方,报面整洁,书写工整。

Beautiful Songs 快乐英语歌曲演唱比赛。各班级先由英语老师在班上进行初赛,每班选出2名选手参加校级决赛。学生可以选择课内或者课外的英语歌曲进行演唱,每首歌曲可以多人合唱,但是演唱人数最多不超过5人,要求配备音乐以及脱稿,时间不超过 5 分钟。

Crazy Brain-storming 疯狂英语"头脑风暴"竞赛。每个班以 5 人一组,抽中事先准备好的主题,然后根据主题内容在 3 分钟之内进行"头脑风暴"。正确写出单词或短语数量最多的小组为胜。

"缤纷英语"课程实施后,教师不断更新教育教学观念,完善课程内容,改进教学方式,提高了英语课程的应用性、趣味性,提升了沟通能力、创造能力、实践能力、团结协作能力和课题研究能力。学生通过"缤纷英语"学习和实践活动,逐步掌握了英语知识和技能,提高了英语实际运用能力,促进了思维品质的发展,发展了个性,拓展了视野,丰富了生活经历,为其终身发展奠定了基础。

（撰稿者:徐建梅　李琼　孙丽　耿国红　黄纯　张荣慧　刘宜芳）

第四章
奇妙科学：和儿童一起踏上探秘之旅

　　爱迪生说："谁丧失了好奇心，谁就丧失了最起码的创造力。"好奇心是儿童的天性，他们的小脑袋里充满了对世界的好奇心和想象力。事实证明，儿童对各种事物的好奇心越强，就越具有探索的眼光。"吸大的气球""越吹越浑的水"……让孩子惊奇地睁大双眼，不可思议地看着发生的一切，当谜团一个个解开，科学探索的欲望就永远扎根在心里。"奇妙科学"为儿童开启了一扇通往奇妙科学世界的大门。

郑州市管城回族区创新街小学科学教师现有 13 人，经验丰富的老教师与积极向上的年轻教师形成了一个严谨求学、团结和谐、奋发向上的团队。为进一步推进学校科学学科课程建设，我们依据教育部《关于全面深化课程改革落实立德树人根本任务的意见》和《义务教育科学课程标准（2022 年版）》，推进科学学科课程群建设，让学生在课程中有了丰富的体验。

第一节　科学是探索世界的钥匙

《义务教育科学课程标准（2022 年版）》指出："科学为技术和工程提供了理论基础。科学、技术与工程的相互促进作用日益增强，推动着生产力的发展、经济的繁荣和社会的进步，促进了人们生产方式和生活方式的变革，提高了人类社会的物质文明水平；科学为人类认识和理解自然与社会提供了独特的思想方法、思维方式、精神力量和价值观，提高了人类社会的精神文明水平。"[①]小学科学课程的任务是培养儿童的科学素养，基于《义务教育科学课程标准（2022 年版）》，学校科学教师团队深入研读课标与教参，研究教材教法，在不断摸索实践中确立了科学学科课程哲学。

一、学科性质和价值观

《义务教育科学课程标准（2022 年版）》指出："科学课程有助于提高全民科学素质，促进经济社会发展和科技强国建设。"[②]

基于这种认识，我们认为小学科学课程的核心价值是按照立德树人的要求培养儿童的科学素养。通过小学科学课程的学习，体验科学探究的过程，了解基本的科学知识，能够利用科学方法和科学知识初步理解身边自然现象和解决简单的实际问题，产生对自然的好奇心，开启探秘之旅。

二、学科课程理念

基于上述考虑，我们提出"奇妙科学"学科课程理念，形成面向儿童、探究世界、动手实践、富有趣味的科学课程。

---

① 中华人民共和国教育部. 义务教育科学课程标准（2022 年版）[S]. 北京：北京师范大学出版社，2022：1.
② 中华人民共和国教育部. 义务教育科学课程标准（2022 年版）[S]. 北京：北京师范大学出版社，2022：1.

（一）"奇妙科学"是面向儿童的科学

小学科学课程要面向全体儿童，适应儿童个性发展的需要，使他们获得良好的科学教育。无论儿童之间存在着怎样的地区、民族、经济和文化背景差异，或者性别、个性等个体条件的不同，小学科学课程都要为全体儿童提供适合的、公平的学习和发展机会。儿童是学习与发展的主体，教师是学习过程的组织者、引导者和促进者。在小学科学教学中，教师要突出儿童的主体地位，基于儿童的认知水平，联系儿童已有的知识和经验，充分利用学校、家庭、社区等各种资源，创设良好的实践探究环境，引起儿童的认知冲突与主动探究，启发儿童积极思维，使儿童逐步学会调节自身的学习，能够独立进行实践探究，成为一个具有终身学习能力的学习者。

（二）"奇妙科学"是富有趣味的科学

儿童对周围世界具有强烈的好奇心和求知欲，这种好奇心和求知欲是推动儿童科学学习的内在动力，对其终身发展具有重要的作用。学校科学课程以"实践探究"教育为理念，为儿童创造愉快的学习氛围，保护儿童的好奇心和求知欲，激发儿童学习科学的兴趣，主动探究科学奥秘，不断积累生活经验，增强课程的意义性和趣味性。

（三）"奇妙科学"是探索世界的科学

科学探究是人们探索和了解自然、获得科学知识的重要方法。以证据为基础，运用各种信息分析和逻辑推理得出结论，公开研究结果，接受质疑，不断更新和深入，是科学探究的主要特点。学生在科学实践中激发科学兴趣、探究科学问题，更好地学习科学知识、掌握科学方法、培养科学精神，能够全面促进自身科学素养。

（四）"奇妙科学"是激发创造的科学

学校为儿童创设实践探究的学习环境，为儿童提供更多自主选择的学习空间和充分的探究式学习机会；强调"做中学"和"学中思"，通过实践合作与探究，逐步养成提出科学问题的能力、收集和处理信息的能力、获取新知识的能力、分析问题和解决问题的能力，以及交流与合作的能力等，发展儿童的创造性、批判性思维和想象力；养成基本的科学伦理精神和热爱科学的品质。

总之，"奇妙科学"致力于保护儿童的好奇心和求知欲，激发儿童兴趣，调动儿童积极性，引发儿童的科学思考，以鼓励儿童的探究式实践为原则，促进儿童科学素养的养成和提升，让科学陪伴孩子一起踏上探秘之旅。

第二节　成就小小科学家之梦

　　学科课程服务于目标,学校依据《义务教育科学课程标准(2022年版)》制订出了"奇妙科学"的总体目标和年段目标。

一、学科课程的总体目标

　　《义务教育科学课程标准(2022年版)》中总目标这样描述:"科学课程旨在培养学生的核心素养,为学生的终身发展奠定基础。1.掌握基本的科学知识,形成初步的科学观念;2.掌握基本的思维方法,具有初步的科学思维能力;3.掌握基本的科学方法,具有初步的探究实践能力;4.树立基本的科学态度,具有正确的价值观和社会责任感。"①

(一)科学知识

　　科学知识的奇妙魅力对于孩子有着无穷的吸引力,孩子对于各种科学知识充满了强烈的好奇心和探究欲。"奇妙科学"从整体上把握小学科学课标的知识体系,细节上明确小学科学教材中应掌握的各种科学知识与探究实验,由粗到细,由浅入深,由表及里层层递进。

　　儿童通过"奇妙科学"的学习,认识了物体的运动和力的作用、能量和能量的不同形式及其相互转换;了解了生物体的主要特征,知道生物体的生命活动和生命周期;认识人体和健康,以及生命体与环境的相互作用;了解了太阳系和一些星座;认识了地球的面貌,了解了地球的运动;认识了人类与环境的关系,知道了地球是人类应当珍惜的家园;了解了技术是人类能力的延伸,技术是改变世界的力量,技术推动着人类社会的发展和文明进程。

---

① 中华人民共和国教育部. 义务教育科学课程标准(2022年版)[S].北京:北京师范大学出版社,2022:6—7.

（二）科学探究

科学学习要以探究为核心,探究既是科学学习的目标,又是科学学习的方式。亲身经历以探究为主的学习活动是学生学习科学的主要途径。

探究是学生在"奇妙科学"课程中获取科学知识的主要途径,通过多种方法寻找证据、运用创造性思维和逻辑推理解决问题,并通过评价与交流等方式达成共识的过程。儿童围绕已提出和聚焦的问题设计研究方案,通过收集和分析信息获取证据,经过推理得出结论,表达探究结果和观点;能运用科学探究方法解决比较简单的日常生活问题。

（三）科学态度

从小开始培养儿童良好的科学态度和素养,通过科学的教育让儿童领会科学的本质,引导他们热爱科学,学会用科学的思维方式去解决问题。

"奇妙科学"课程让儿童对自然现象始终保持好奇心和探究热情,乐于参加观察、实验、制作、调查等科学活动,并能在活动中克服困难,完成预定的任务。儿童在参与过程中具有基于证据和推理发表自己见解的意识,乐于倾听不同的意见和理解别人的想法,具备实事求是的科学态度。在科学学习中,运用批判性思维大胆质疑,善于从不同角度思考问题,追求创新。在科学探究活动中,主动与他人合作,积极参与交流和讨论,尊重他人的情感和态度,学会用科学的思维方式去解决问题。

（四）科学、技术、社会与环境

科学技术与日常生活、社会发展、人类与自然和谐相处有着紧密联系,儿童通过该课程的学习,形成乐于亲近自然、欣赏自然、珍爱生命,积极参与保护资源和环境的意识,增强儿童的社会责任感。

"奇妙科学"课程使儿童了解所学的科学知识在日常生活中的应用,通过学习了解人类活动对自然环境、生活条件及社会变迁的影响,社会需求是推动科学技术发展的动力,科学技术已成为社会与经济发展的重要推动力量。

二、学科课程的具体目标

依据科学学科课程总目标,参考教材和教参等相关资料,同时结合学校实际,"奇妙科学"课程制定了小学六个年级的课程目标。这里,我们以三年级为例来说明(见表4-1)。

表4-1 "奇妙科学"三年级课程目标

	上　学　期	下　学　期
三年级	**准备单元** 1. 尝试从对具体现象的观察中提出可探究的科学问题,并从现象发生的条件、原因等方面提出假设。 2. 乐于尝试运用多种材料、多种思路、多样方法完成科学探究,体会创新乐趣。 3. 探索发现使小丑倒立更稳固的方法,从实验中感受平衡的原理和现象。	**准备单元** 1. 运用感官和简单的工具比较液体的轻重,用文字、图片等方式记录观察结果。 2. 愿意与他人合作,乐于交流,尊重事实,重视证据。 3. 知道观察前要制订计划,了解规范的探究计划内容与形式。 4. 制订简单的探究计划。
	第一单元 1. 在好奇心的驱使下,表现出对现象和时间发生的条件、过程、原因等方面的探究兴趣。 2. 能够根据生活中的现象提出想要探究、能够探究的问题。 3. 创设动手、动脑活动体验机会,激发探究热情。 4. 提出问题和探究问题的能力得到提升。能利用气温、风向、风力、降水量、云量等可测量的量来描述天气。	**第一单元** 1. 尝试基于所学知识进行简单的工程设计并制订简单的制作计划。 2. 乐于表达、讲述自己的观点。 3. 制订简单的探究计划。 4. 注意计划的完整性和可操作性。 5. 通过分工协作,进行小组合作的探究式学习。对自己或他人设计的想法、草图、模型等提出改进建议,并说明理由。
	第二单元 1. 了解人类的生活和生产可能对环境造成的破坏,具有参与环境保护活动的意识,愿意采取行动保护环境、节约资源。 2. 能根据某些特征对动物进行分类。可识别常见的动物类别,描述某一类动物的共同特征。 3. 能够描述与比较胎生和卵生动物繁殖后代方式的不同。 4. 举例说出动物从生到死的生命发展过程。	**第二单元** 1. 以探究简单电路为载体,进行简单的实验设计、制订简单的探究计划。 2. 能自主探索连接简单电路让小灯泡亮起来,发现闭合回路。 3. 能用一些基本电路元件连接一个简单电路,知道开关的作用及控制电路的基本方法。 4. 说出电源、导线、用电器和开关是构成电路的必要元件,说明形成电路的条件。
	第三单元 1. 在讨论实验计划的基础上能有意识地关注到对变量的控制。 2. 了解科学技术对人类生活方式和思维方式的影响。	**第三单元** 1. 经历种植植物的过程,了解并描述植物的一生。 2. 运用多种感官观察并描述植物资源的分布和价值。

上 学 期	下 学 期
3. 通过观察,描述一定量的不同物质在一定量水中的溶解情况。 4. 通过实验,知道搅拌和温度是影响物质在水中溶解快慢的常见因素。	3. 学会种植植物,探究种子、根的结构或形态特点及功能。 4. 探究茎、叶的生长情况及功能。 5. 探究植物的花具有帮助植物维持自身生存的功能。 6. 说出植物一生通常会经历由种子萌发出幼苗,再到开花,结出果实和种子的过程。
第四单元 1. 通过“空气占据空间”和“热空气会上升”两个概念明白“空气会流动”的概念,了解风与人类生活的辩证关系。 2. 能够列举出人类利用和改造自然的实例。 3. 知道空气具有质量并占据一定的空间,空气会充满各处。 4. 知道空气的流动是风形成的原因。 5. 能够列举出形成风的方法,能运用所学知识解释有关自然现象。	**第四单元** 1. 具有对探究过程、方法和结果进行反思、评价与改进的意识。 2. 能如实讲述事实,当发现事实与自己原有的想法不同时,能尊重事实,具有用事实说话的意识。 3. 要学会搜集证据,主动构建知识框架。 4. 能利用比较的方法区分生物和非生物,知道生物的特征。 5. 能依据观察到的现象及搜集到的资料,总结描述土壤的主要成分。
第五单元 1. 探索关于声音的产生和传播,声音高低与振动快慢、声音强弱与振动幅度的关系的基本规律。 2. 在已有经验的基础上,对声音产生探究兴趣。根据已有经验进行猜测假设,认识声音的相关科学概念。 3. 乐于为完成探究活动,分享彼此的想法,贡献自己的力量。 4. 在科学探究中能以事实为依据,不从众,面对有说服力的证据,能调整自己的观点。	**第五单元** 1. 通过观察、测量等活动探索固体、液体、气体的特征,了解人类对物质的利用。可以选择恰当的工具和测量仪器,观测并描述对象的外表形态特征及现象。 2. 描述固体、液体、气体的外部形态特征及其表现出来的一些现象。 3. 学会使用天平测量物体的质量。 4. 理解液体具有确定的体积和质量。 5. 根据物体的特征或材料的性能将两种混合在一起的物体分离。

　　“奇妙科学”的具体目标是努力从探究兴趣、实事求是、追求创新、合作分享四个方面对儿童的科学态度加以引导,强化儿童科学态度的培养,激发儿童自主探究兴趣,增强儿童学好科学的信心。

第三节　构建奇妙的科学通道

　　基于"奇妙科学"的课程理念,学校课程主要分为基础性课程和拓展型课程。基础性课程旨在奠定儿童终身发展和适应未来社会所需的共同基础;拓展型课程主要满足儿童的个性化学习需求,养成兴趣爱好,开发儿童潜能。

一、学科课程结构

　　《义务教育科学课程标准(2022年版)》中科学课程设置13个学科核心概念,是所有学生在义务教育阶段应该掌握的科学课程的核心内容,分别是:"物质的结构与性质""物质的变化与化学反应""物质的运动与相互作用""能的转化与能量守恒""生命系统的构成层次""生物体的稳态与调节""生物与环境的相互关系""生命的延续与进化""宇宙中的地球""地球系统""人类活动与环境""技术、工程与社会""工程设计与物化"。依据13个学科核心概念,"奇妙科学"课程分为"奇妙物质""奇妙生命""奇妙宇宙""奇妙实践"四个部分。本课程结构不仅仅包括科学基础知识以及拓展性课程的讲解,更是培养儿童科学素养和探究式实践思维的关键。从宏观到微观,从感性到理性,使儿童逐步理解和掌握新知识,并运用知识进一步拓展儿童的思维和动手能力。"奇妙科学"课程设计(见图4-1)。

　　在图4-1中,各板块课程如下。

(一) 奇妙物质

　　"奇妙物质"与"物质科学领域"相对应,凸显物质的运动和变化规律。开设的课程有:磁铁魔法城堡、常见的力、空气知多少、奇妙的声音、溶解的秘密、电与我们的生活等。课程的设置注重激发儿童探究物质世界奥秘的好奇心,形成"世界是物质的,物质是运动的"观点,感受物质科学对促进社会进步、提高人类生活品质的重要作用,养成乐于观察、注重事实、勇于探索的科学品质。

(二) 奇妙生命

　　"奇妙生命"与"生命科学领域"相对应,凸显生物的生存都需要一定的条件。

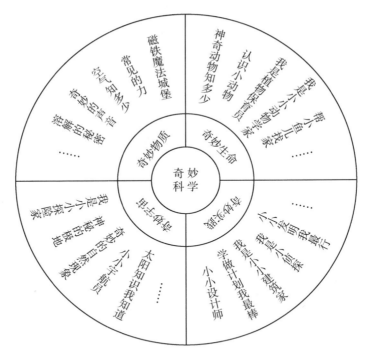

图 4-1 "奇妙科学"课程结构图

开设的课程有:神奇动物知多少、我是植物保育员、我是小小动物学家、植物的一生、和动物做朋友、不可思议的微生物、健康的秘密等。课程的设置注重激发儿童了解和认识自然界的兴趣,帮助儿童初步形成有关生物体的结构与功能、局部与整体、多样性与共同性相统一的观点,培养热爱大自然、爱护生物的情感。

（三）奇妙宇宙

"奇妙宇宙"与"地球与宇宙科学领域"相对应,凸显空间想象和逻辑推理能力。开设的课程有:太阳与月亮、奇妙的自然现象、奇妙的宇宙、我是小小气象员、我是小小探险家、小小宇航员、神秘的极地等。本内容的学习注重激发儿童对地球和宇宙的探究热情,发展空间想象、模型思维、逻辑推理等能力,初步建立科学的宇宙观和自然观,以及"人地协调"的可持续发展观。

（四）奇妙实践

"奇妙实践"与"技术与工程领域"相对应,是凸显解决实际问题和发明制造产品的活动。开设的课程有:我是小小观察手、小小设计师、小小发明我最行、成果展示比一比、学做计划我最棒、我是小侦探、我是小小建筑师等。本内容的学习注重将儿童所学的各方面知识综合起来,使儿童体会到"做"的成功和乐趣,并养成通过"动手做"解决问题的习惯,体验科学技术对个人生活和社会发展的影响。

二、学科课程设置

依据《义务教育科学课程标准(2022 年版)》、教材和教师参考用书,以国家课程为基础,依托学校特色资源,开发了丰富的拓展课程(见表 4 - 2)。

表 4 - 2 "奇妙科学"拓展课程设置表

年级	学期	奇妙物质	奇妙生命	奇妙宇宙	奇妙实践
一年级	第一学期	我在哪里 磁铁魔法城堡	认识小动物	我在哪里	我是小小观察手 动手我最棒
	第二学期	水与溶解 空气知多少	我是植物保育员	太阳与月亮	我是小侦探
二年级	第一学期	磁铁魔法城堡	神奇动物知多少	奇妙的自然现象	小小设计师
	第二学期	常见的力	人类与地球	说说我们的发现 人类与地球	小小设计师
三年级	第一学期	溶解的秘密 探寻空气的秘密 奇妙的声音	我是小小 动物学家	我是小小气象员	倒立的小丑
	第二学期	电与我们的生活 不一样的物体	植物的一生	土壤,生命的家园	比较液体的轻重 我是小小建筑师
四年级	第一学期	来自食物的秘密 我是赛车手	帮小鱼儿找家 和动物做朋友 饮料瓶的危害	小小宇航员 神秘的极地	学做计划我最棒
	第二学期	大力士选手 我是小小消防员 飞机模型小达人	呼吸的秘密 植物学小专家 青蛙历险记	太阳知识我知道	来自自然 界的申诉
五年级	第一学期	时钟大揭秘 热能考察之旅 有趣的光合作用	见证生命的奇迹	奇妙的宇宙 我是小小探险家	游乐场里大闯关
	第二学期	电动玩具总动员	不可思议 的微生物	相约多彩春天 小小气象员	小小发明我最行 像不像的秘密 成果展示比一比

年级	学期	奇妙物质	奇妙生命	奇妙宇宙	奇妙实践
六年级	第一学期	阳光的秘密 我是小小音乐家	探寻植物 生长之谜 健康的秘密	保护地球我先行	科学探究知多少
	第二学期	材料知多少	我是小小考古家 我是养金鱼小能手	能源知多少	我是小小调查员 我是小小发明家

三、学科课程内容

依据《义务教育科学课程标准（2022年版）》、教材和教师参考用书，以国家课程为基础，设置了丰富多彩的"奇妙科学"课程内容（见表4-3）。

表4-3 "奇妙科学"课程内容设置表

年级	学期	课程名称	学习目标	内容要点
一年级	第一学期	动手我最棒	通过自制泡泡水，初步经历一个简单的探究过程，提高科学探究的兴趣。	1. 自制泡泡水。 2. 游戏：泡泡大师。（比一比谁吹的泡泡更大、持续时间更长）
		我是小小观察手	1. 观察描述物体的轻重、薄厚、颜色、表面粗糙程度、形状等特征，根据物体的外部特征对物体进行简单分类。 2. 识别眼、耳、鼻、舌等器官。	1. 盲盒猜猜猜。（在不透明的纸箱里放入不同的物体，一名学生用手触摸，其他学生通过询问是否光滑、是否粗糙、软硬程度和冷热程度等来猜物体的名称） 2. 一起来找茬。（豆子分类） 3. "豆"你玩。（制作豆子画）
		认识小动物	1. 说出生活中常见动物的名称及其特征。 2. 观察并描述自己周围土壤上生活着的动物。	1. 画兔子。 2. 探访蚂蚁。（走进小花园观察蚂蚁）
		我在哪里	1. 使用前后左右、东西南北、远近等描述物体所处位置和方向。 2. 描述太阳每天东升西落的位置变化；描述怎样利用太阳的位置辨认方向。	1. 传球接力。（用前、后、左、右等方位词控制小球的传递路径） 2. 点鼻子。（蒙眼通过位置词给小丑添上鼻子） 3. 逃离冒险岛。（一个骰子决定东南西北，另一个骰子决定步数）

年级	学期	课程名称	学习目标	内容要点
第二学期		磁铁魔法城堡	列举生活中常用不同外形的磁铁,描述磁铁可以直接或间接对铁等材料产生吸引作用。	1. 解救小青蛙。(利用磁铁从迷宫中救出铁质小青蛙) 2. 寻找"磁铁兄弟"。 3. 制作:小猴上山。
		我是小侦探	1. 体验计划在科学探索中的作用。 2. 初步体验搜集证据的过程。	游戏:它有几条腿。
		水与溶解	1. 观察并描述水的颜色、状态、气味等特征。 2. 知道有些物质能够溶解在一定量的水里,如食盐和白糖等;有些物质很难溶解在水里,如沙和食用油等。	1. 利用"五官兄弟"总结出水的特征。 2. 利用"五官兄弟"从五种不同液体中分辨出水。
		我是植物保育员	1. 说出周围常见植物的名称及其特征。 2. 说出植物需要水和阳光以维持生存和生长。 3. 观察并描述周围的土壤上生长着的植物。	1. 游戏:抢认植物。 2. 对比实验。(植物和水、植物和阳光)
		太阳与月亮	1. 描述月相的变化。 2. 知道太阳能够发光发热,太阳对植物、动物、人类生活产生重要的影响。	1. 体验向阳处和背阴处的温度差。 2. 接龙游戏:举例证明太阳对动植物和人类生活的影响。 3. 观察并记录不同日期的月相。
		空气知多少	观察并描述空气的颜色、状态、气味等特征。	1. 空气游戏。(纸风车、背对背夹气球) 2. 找空气。(想出不同的方法证明空气的存在) 3. 观察空气。(利用"五官兄弟"进行观察,并记录现象)
		我是小侦探	了解科学家搜集证据证明猜想的过程,反思自己搜集证据的经历。	小火车(制订计划搜集证据)。

年级	学期	课程名称	学习目标	内容要点
二年级	第一学期	神奇动物知多少	1. 能用语言描述信息。 2. 体验探究得出简单结论的过程。 3. 能够说出动物的某些共同特征。 4. 能举例说出动物可以通过眼、耳、鼻等器官感知环境。	1. 科学放大镜:观察描述照片中动物的共同特征。 2. 观察动物园里的动物们都在做什么? 它们的共同特征是什么? 3. 实验探究:通过观察不同动物寻找食物的图片,猜想、验证小猫可以通过多种感官找到食物。 4. 动物侦探招聘会:搜集各种动物的"特长"。
		奇妙的自然现象	1. 知道有阴、晴、雨、雪、风等天气现象。 2. 能够描述天气变化对动植物和人类生活的影响。	1. 通过观察描述、你说我猜、连线天气符号等活动,掌握信息处理的多种方法。 2. 认识天气变化对动植物和人类的生活产生的影响,知道这些影响是多元的、辩证的。 3. 游戏:天气大转盘。
		小小设计师	1. 能够辨别生活中常见的材料。 2. 认识常见工具,了解其功能。 3. 会使用工具对材料进行简单加工。 4. 能够描述肉眼观察和简单仪器观察的不同。 5. 能够通过口述、图示等方式表达自己的设计与想法,并利用提供的材料和工具完成任务。 6. 能够对他人的作品提出改进建议。	1. 小小设计师:制作滑梯。（重点是滑道材料的选择） 2. 小小设计师:制作跷跷板。 3. 小小设计师:制作秋千。（注意打绳结的方法以及三条腿的支架更稳固）
		磁铁魔法城堡	1. 知道指南针中的小磁针是磁铁,可以用来指示南北。 2. 能够说出磁铁总是同时存在着两个不同的磁极。 3. 知道相同的磁极相斥,不同的磁极相吸。	1. 寻找丢失的名字:给没有标示磁极的磁铁标出磁极名称。 2. 学习指南针的使用方法。 3. 磁铁对对碰实验。

年级	学期	课程名称	学习目标	内容要点
第二学期		小小设计师	尝试讲述自己探究得出结论的过程,并与同学讨论、交流,学会反思自己的探究过程。	1. 小小设计师:制作气垫船模型。 2. 游戏:气垫船模型比赛。
		人类与地球	1. 能够说出人类生活离不开动植物的实例,树立珍惜动植物资源的意识。 2. 知道植物、动物、河流、山脉、海洋等构成了自然世界,而建筑物、纺织产品、交通工具、家用电器、通信工具构成了人工世界。知道我们人工世界是由人设计并制造出来的。	1. 荒岛生存:搜集整理信息,说出如何利用荒岛上的资源生存。 2. 小小设计师:制作植物爱心标牌。 3. 小小设计师:选择合适的材料,用不同的方法设计并制造小船模型。 4. 畅想未来:找一张漂亮的风景图片,画上自己理想的家园。
		小小设计师	1. 体会生活中的科技产品给人们带来的便利、快捷、舒适。 2. 了解生活中简单科技产品的结构和功能。	1. 设计制作:手工造纸。 2. 设计制作:装订小书。(动手将自己造出的纸张装订起来)
		说说我们的发现	1. 知道动物和植物都是生物。 2. 能够描述季节的变化。 3. 能举例说出季节变化对动植物和人类生活的影响。	1. 设计制作:四季大转盘。(包含季节、天气、动植物的特点和人的活动) 2. 角色扮演:四季中的动物。(通过扮演模仿小动物,体会动物在四季中的不同活动)。 3. 科学交流会:四季与植物。(通过调查和交流,知道季节变化会对植物的生长产生影响)。
		常见的力	1. 知道推力和拉力是生活中常见的力。 2. 知道力可以使物体的形状发生改变。	1. 游戏:玩水枪。 2. 根据制订的"制作小弓箭"计划完成设计制作,并开展比赛。 3. 谁动了?(通过两个人互推和互拉感受推力和拉力) 4. 射箭比赛。(掌握能把弓箭射得更准更远的方法) 5. 纸杯保龄球。(推动橡皮球撞击纸杯)

年级	学期	课程名称	学习目标	内容要点
三年级	第一学期	倒立的小丑	观察"倒立的小丑"，并尝试提出可探究的科学问题。	1. 动手做一做。（研究倒立的小丑在钢丝线上掉不下来） 2. 动手画一画。（选取实验材料，写出实验步骤）
		我是小小气象员	了解人类的生活和生产可能对环境造成的破坏，具有环保意识，愿意采取行动保护环境、节约资源。	1. 学会画柱状图。（根据数据去制图，会分析气温变化） 2. 制作简易风向标。（学会测风向） 3. 制作简易风力计。（学会判断风力大小） 4. 我来说、你来猜。（具体的风力等级练习）
		我是小小动物学家	了解人类的生活和生产可能对环境造成的破坏，具有环保意识，愿意采取行动保护环境、节约资源。	1. 火眼金睛。（找出鱼、昆虫、鸟类等动物繁殖的共同点） 2. 分布卡。（按不同标准给动物卡片分类） 3. 你一言我一语。（国家保护珍稀动物的措施）
		溶解的秘密	1. 在讨论实验计划的基础上能有意识地关注到对变量的控制。 2. 了解科学技术对人类生活方式和思维方式的影响。	1. 结交新朋友。（观察高锰酸钾的溶解） 2. 对比实验初体验。（知道对比试验中只能有一个变量） 3. 溶解快快快。（研究加快溶解的方法）
		探寻空气的秘密	通过"空气占据空间"和"热空气会上升"两个概念推导出"空气会流动"的概念，了解风与人类生活的辩证关系。	1. 科学小魔术——听话的小球。（空气占据着一定的空间） 2. 放飞塑料袋。（热空气上升） 3. 七嘴八舌。（知道空气流动会形成风）
		奇妙的声音	探索声音的产生和传播，总结声音高低与振动快慢有关、声音强弱与振动幅度有关的基本规律。	1. 我是小小演奏员。（声音是由振动产生的） 2. 打"土"电话。（声音能在固体中传播） 3. 抛硬币。（物体振动的幅度影响声音强弱变化）

年级	学期	课程名称	学习目标	内容要点
第二学期		比较液体的轻重	1. 学会制订简单的研究计划，了解研究计划的内容与形式。 2. 制订简单的探究计划。 3. 分别运用感官和简单的工具比较液体的轻重，用文字、图片等方式记录观察结果。	比一比，辨一辨。（比较蜂蜜和牛奶的轻重）
		我是小小建筑师	基于所学知识进行简单的工程设计并制订简单的制作计划。	1. 假如我是馆长。（了解房子的变迁史） 2. 我是小小设计师。（能按照设计的基本步骤制作一个产品） 3. 我是小小建筑师。（能针对具体的任务进行分工协作）
		电与我们的生活	1. 探究简单电路。 2. 制订简单的探究计划，进行简单的实验设计。	1. 学画电路图。（＋连 A/－连 B 或＋连 B/－连 A） 2. 小小指挥官。（探究开关的功能） 3. 分组我真棒。（区分导体和绝缘体）
		植物的一生	1. 经历种植植物的过程。 2. 了解并描述植物的一生。	1. 植物资源知多少。（知道植物资源是怎么分类） 2. 播下希望的种子。（认识种子的内部结构） 3. 茎的作用。（茎具有帮助植物维持自身生存的功能） 4. 简笔画出植物的一生。（黄瓜一生经历的过程）
		生命的家园	1. 学会搜集证据。 2. 主动构建知识框架。	1. 比一比，找一找。（利用比较的方法区分生物和非生物，知道生物的特征） 2. 土壤中有什么。（总结描述土壤的主要成分）
		不一样的物体	通过观察、测量等活动探索固体、液体、气体的特征，了解人类对物质的利用。选择恰当的工具和测量仪器，观测并描述对象的形态特征。	1. 摇一摇晃一晃。（固体、液体、气体有什么不同特征） 2. 称一称。（学会用天平测量物体的质量） 3. 制作水果拼盘。（物体发生的变化和物质的混合与分离）

年级	学期	课程名称	学习目标	内容要点
四年级	第一学期	学做计划我最棒	1. 了解计划与组织的重要性。 2. 学会比较与分析哪种计划与组织更好。 3. 养成与他人合作交流的能力。 4. 参与考察活动认识当季的特点和秋季常见的动植物。	1. 课堂开展考察计划展示会,交流比较哪种计划与组织更好。 2. 在小区或公园按计划开展考察活动。 3. 观察秋季常见的动植物,总结秋天的特点。
		来自食物的秘密	1. 了解人类需要哪些食物及其来源,懂得营养全面合理的重要性。 2. 了解人体的消化过程,养成良好的饮食卫生习惯。 3. 意识到人类生存与营养物质的密切关系。 4. 人类生存还需要水、空气等。 5. 了解添加剂与绿色食品。	1. 对日常所吃食物进行分类。 2. 认识食品包装袋上的添加剂有哪些? 明白添加剂对人体的危害。 3. 通过挂图认识消化器官和消化过程。 4. 观察食物"金字塔",思考怎样合理搭配食物。
		帮小鱼儿找家	1. 了解物质的变化有的可逆,有的不可逆。 2. 知道自然界水资源分布。 3. 意识到水与生物的密切关系,知道水域污染的危害及主要原因。	1. 认识常见的鱼类,知道鱼的共同特征。 2. 观察小区周边、公园不同地方不同水域的水质情况,为鱼儿找到合适的家。 3. 说一说在不同地方观察到的水的污染情况。 4. 水污染对人类会产生哪些危害。
		我是赛车手	1. 认识常见动物的运动。 2. 能准确描述一个物体的位置,理解物体的位置需要相对于另一个物体的位置来确定。 3. 知道描述物体的运动需要位置、方向和时间。	1. 赛车游戏中描述自己与对手的位置、方向、到达终点所用时间等要素相同和不同之处。 2. 比较自己和对手的运动轨迹有何不同。 3. 观察动力装置、动力源,思考如何提高速度赢得比赛。
		和动物做朋友	1. 了解动物的种类,感受动物世界的纷繁复杂。 2. 了解保护濒危动物的重要性。 3. 观察动物的外形,能将观察结果和它的习性相联系。 4. 了解昼夜变化对动物的影响。	1. 领养小动物前研究小动物的饮食、睡眠、居住环境等。 2. 领养过程中观察小动物的喜好,归纳总结出小动物的生活习性。 3. 在对小动物充分了解的基础上提出保护动物的有效方法。 4. 学会与动物做朋友,保护动物。

年级	学期	课程名称	学习目标	内容要点
		饮料瓶大危害	1. 了解有关健康的知识。 2. 认识某些材料的性质，并能将材料的性质与它的用途相联系。 3. 认识到材料对水域、土壤等自然环境的影响。	1. 收集废旧饮料瓶，根据不同材质对饮料瓶进行分类。 2. 对饮料瓶进行加工，制作成精美的工艺品。 3. 研究随意丢弃饮料瓶的危害。 4. 对饮料瓶进行回收利用，并将饮料瓶变废为宝。 5. 树立环保意识，做好垃圾分类。
		小小宇航员	1. 认识科学是不断发展的，理解探索月球的艰辛。 2. 知道月球每天、每月的运动模式。 3. 了解我国航天事业的发展。	1. 观看"嫦娥一号"成功发射的过程，了解"嫦娥一号"科研团队、科研过程，了解我国航天事业取得的成就。 2. 介绍月球表面形态、月壤的作用，激发对月球的探究兴趣。 3. 介绍月球运动和月相形成的原因。
		神秘的极地	1. 对科学考察、科学研究产生兴趣。 2. 激起民族自豪感，树立热爱科学、献身科学，为全人类科学事业发展作贡献的志向。	1. 介绍"雪龙号"极地科考船激发兴趣。 2. 介绍两极的地理特点、气候特征等。 3. 讲解地球仪、经度、纬度知识。
	第二学期	来自自然界的申诉	1. 重证据，尊重科学事实。 2. 学会尊重生命，与自然和谐相处。 3. 能够乐于与他人合作交流。	1. 运用调查统计的方法得到数据，发现事实。运用比例图的方式说明统计结果。 2. 蝴蝶的种类，以及蝴蝶的一生。 3. 保护蝴蝶的意义所在。 4. 搜集事实与证据的方法有：查阅书籍、浏览网络、观察实验、调查采访等方法。
		呼吸的秘密	1. 了解人体呼吸的过程。 2. 了解其他植物及其他动物的呼吸方式。 3. 了解人类活动对大气层产生的不良影响，意识到保护大气层的重要性。 4. 乐于与他人交流合作。	1. 人体呼吸器官(鼻、咽、喉、气管、支气管、肺) 2. 青蛙、蝗虫、肺鱼、鱼等动物分别靠什么呼吸。 3. 氧气对人类的重要性。 4. 如何保持空气清新。

年级	学期	课程名称	学习目标	内容要点
		植物学小专家	1. 掌握种子发芽需要的条件。 2. 正确指认植物六大器官,并说出其作用。 3. 掌握植物的一生需要经历的阶段。 4. 养成认真细致、实事求是、持之以恒的科学态度。	1. 绿豆发芽的条件。(空气、温度、一定的水分) 2. 植物的三个特性:向光性、向水性、向地性等。 3. 如何保护植物多样性。
		太阳知识我知道	1. 学会尊重他人的观点。 2. 认识太阳高度。 3. 掌握太阳高度与影长的关系。 4. 了解人类对太阳能的利用。	1. 学习手影舞认识影子的形成。 2. 认识光源太阳的基本特征。 3. 研究太阳高度的测量方式。 4. 了解太阳高度与影长的关系。 5. 太阳能利用的两种方式。
		大力士选手	1. 能用简单实验器材做简单观察实验,并做实验记录。 2. 知道利用机械可以提高工作效率。 3. 了解杠杆、滑轮等简单机械的使用和原理,体验机械能提高人们的工作效率。 4. 养成与他人的合作意识。	1. 生活中常见的机械。 2. 杠杆尺平衡规律的探究。 3. 杠杆的分类。 4. 滑轮的分类与优缺点。 5. 机械对人类的影响。 6. 做简单的机械。
		我是小小消防员	1. 能做控制变量的简单探究性实验,并做实验记录。 2. 尊重实验结果,养成用事实说话的精神。 3. 养成合作探究的精神。	1. 空气的成分,氧气与二氧化碳的区别。 2. 燃烧的三个条件。 3. 控制变量实验方案的设计。 4. 灭火的三种方法:窒息法、隔离法、冷却法。 5. 火灾发生时的自救方法。
		飞机模型小达人	1. 能够大胆想象,积极创造。 2. 了解生活中常见的力:升力、反冲力、空气浮力。 3. 学会并掌握多种获得事实与证据的途径。	1. 制作降落伞感受空气浮力。 2. 猜想飞机、火箭、热气球等分别靠什么飞行。 3. 观察飞机模型,研究飞机机翼做成上弧形、下直线的原因。
		青蛙历险记	1. 认识到人与自然要和谐相处。 2. 乐于与他人合作交流。 3. 学会尊重事实与证据。 4. 学会关注与科学有关的身边的社会问题,增强责任感。	1. 关于青蛙的知识。 2. 指出生物的内涵。 3. 造成青蛙畸形的原因。 4. 捕捉青蛙做实验时的注意事项。

年级	学期	课程名称	学习目标	内容要点
五年级	第一学期	奇妙的宇宙	1. 了解宇宙的相关知识。 2. 认识并学会制作宇宙模型。	1. 展示宇宙相关图片和模型。 2. 制作宇宙模型。 3. 对制作的模型进行修改。
		时钟大揭秘	1. 展示各种钟表图片,了解钟表悠久的历史以及什么样的物体可以用来制作计时工具。 2. 认真准备实验器材,做好实验记录并总结实验规律。	1. 图片资料展示钟表的发展历史。 2. 制作摆钟并进行探究,总结摆的长短与摆动快慢的关系。 3. 设计一个钟表。
		热能考察之旅	1. 列举出生活中常见的热能,并说出是怎样产生热能。 2. 为自己或家人设计一周健康的食谱,关爱家人,关爱自己。	1. 冷热水混合实验,理解热是从高温物体传向低温物体。 2. 设计一天食谱,了解食物中的热能。 3. 实验探究:水、空气和铜球遇热和遇冷体积的变化。 4. 设计冬暖夏凉的房子。
		见证生命的奇迹	1. 认识"我从哪里来",了解胎儿在妈妈肚子里的情况,了解胎儿成长变化以及生命的周期。 2. 分享自己从哪里来? 3. 了解生命的周期,感恩父母珍爱生命。	1. 分析各阶段人体比例。 2. 制作身高与年龄的关系折线图,总结生命周期的变化。
		我是小小探险家	1. 了解地球的变化,掌握地球变化相关的知识。 2. 感慨地球的千变万化,爱护我们唯一的家园。	1. 图片资料展示地球变化的过程。 2. 制作火山爆发模型和雅丹地貌模型。
		游乐场里大闯关	1. 感受生活中力的无处不在,了解生活中力的应用。 2. 举例说明生活中增大和减小摩擦力的例子,感受力在我们生活中的应用,巧用这些力,可以起到事半功倍的效果。	1. 感受力的大小与方向。 2. 实验探究:弹力的大小与物体形变的关系。 3. 实验探究:摩擦力的大小与压力和接触面粗糙程度的关系。
		有趣的光合作用	了解光合作用是生生不竭的原动力。	1. 阅读材料,了解光合作用发现的过程。 2. 淀粉实验,了解光合作用的产物。 3. 自制生态瓶。

年级	学期	课程名称	学习目标	内容要点
第二学期		相约多彩春天	1. 写一首歌或诗来赞美春天，讲述春天的故事。 2. 了解春天里的科学问题，并运用合适的方式进行表达与交流。	1. 提出春天里的科学问题。 2. 表达与交流关于春天的科学问题的研究成果。
		小小气象员	1. 通过观察天气的变幻，了解风、云的形成过程，天气预报的方面。 2. 能根据云量识别不同的天气。	1. 搜集气象谚语，并了解其中的含义。 2. 自制雨量器，模拟雨量的测量。 3. 根据云量识别不同的天气。
		电动玩具总动员	1. 了解电动玩具的动力装置。 2. 开展电磁铁磁性大小实验，总结电磁铁的磁性大小与电流、线圈的关系。	1. 拆装电动玩具，发现玩具的动力装置。 2. 实验探究：电磁铁的磁性大小与电流、线圈的关系。 3. 实验探究：影响电磁铁磁极方向改变的因素。
		小小发明我最行	1. 尝试把生活中的废品变成可被我们利用的物品。 2. 培养垃圾分类回收意识。	1. 开展变废为宝的研究交流会。 2. 制作垃圾分类箱。 3. 进行垃圾分类。
		不可思议的微生物	1. 组织开展发面活动，用显微镜观察酵母菌的样子，总结酵母菌的发酵与水温的关系。 2. 了解微生物的危害，熟知预防方法。	1. 寻找食品中的微生物。 2. 用显微镜观察酵母菌。 3. 实验探究：酵母菌的发酵与水温的关系。 4. 辩一辩：微生物的利与弊。
		像不像的秘密	1. 讨论并制订"家庭成员特征调查表"。 2. 了解遗传和变异的概念和功能。	1. 比一比：观察家庭成员，自己长得像谁。 2. 制订"家庭成员特征调查表"。 3. 遗传和变异的概念和功能。
		成果展示比一比	1. 开展我们的成果展示会。 2. 回顾自己本学期表达与交流的经历，分享收获心得。	1. 开展成果展示会。 2. 分享本期表达与交流的经历。 3. 小小发明家：制作带漏斗的酱油袋。

年级	学期	课程名称	学习目标	内容要点
六年级	第一学期	探寻植物生长之谜	1. 提高发现问题和提出问题的能力。 2. 增强大胆地进行有根据的猜想与假设的能力和分析总结的能力。 3. 再一次经历从发现问题到解决问题的过程。	1. 我是植物保育员。（探究植物茎叶长歪的问题并激发解决问题的兴趣） 2. 探究土壤中的水是如何通过植物到达空气中的。（植物根的向水性）
		阳光的秘密	1. 联系生活，并提出问题。 2. 通过模拟实验，进一步观察采光不足的现象，寻找采光不足的原因，了解光的直线传播现象，并试图形成初步解释。 3. 知道光是有颜色的，了解色散现象。	1. 探寻"阳光"的秘密。 2. 我是小小设计师。 3. "阳光接力"游戏。 4. 大胆创新设计自己的"阳光小屋"。
		我是小小音乐家	1. 知道声音是由物体的振动产生的。 2. 通过观摩活动，进一步理解声音的响度与音高的区别。 3. 能区分乐声和噪声，了解噪声的危害和控制方法。	1. 探究声音的产生，制订出制作乐器的计划。 2. 设法改变乐器发声的响度与音高。 3. "制作土电话""铃铛落水"。（使儿童了解并掌握声音是如何产生并传播的过程）
		健康的秘密	1. 利用健康测试等活动认识什么是健康，确定研究影响健康因素的主题。 2. 对自己和周围同学健康状况进行测试，并对测试数据进行分析。 3. 利用自己擅长的表达形式，对所研究内容的过程和结果进行有效的表达与交流，形成研究的结论。	1. 认识什么是健康，确定研究影响健康因素的主题。 2. 探寻"健康的秘密"，儿童能够自己搜集数据，进行整理和分析，并选用自己喜欢的形式解释和表述，对心脏、大脑、血管、青春期发育特点等研究的过程和结果。 3. 将研究的过程和结果进行有效的表达与交流，形成探究的结论。
		科学探究知多少	1. 能结合自己的探究经历分析案例，体会案例中的过程与方法的科学性，并提出合理的建议。 2. 深入认识科学探究的各个重要环节。 3. 回顾过去难忘的科学探究活动，进一步理解科学探究过程。	1. 分析案例，深入认识科学探究的各个重要环节并在活动中理解科学探究过程。 2. "我是小小生物学家""神奇动物知多少"，在亲历探究过程中感知生物的魅力，激发学习兴趣。

年级	学期	课程名称	学习目标	内容要点
		保护地球我先行	1. 了解地球上的海洋为人类生存提供了生物、矿产、能源等多种资源。 2. 知道人类生活离不开动植物的一些实例，知道人类利用矿产资源进行工业生产的例子。 3. 知道人类生活离不开淡水，了解人类利用土壤进行农业生产的例子，树立保护地球资源的意识。	1. 资源分类，列举日常生活中一些可回收和可再利用的资源，树立回收和再利用资源的意识。 2. 树立保护资源的意识，说出自己力所能及保护资源的举措。
第二学期		我是小小考古家	1. 认识科学探究过程，养成主动提问，合理假设的科学探究态度。 2. 了解人类进化的过程，关注一些和进化有关的科学知识和有趣问题，能解释适者生存，自然选择的含义。 3. 认识到科学是不断发展的，不迷信权威，养成尊重证据的科学态度。	1. 围绕"人类的祖先"这个专题提出问题，并选择问题，进行合理而大胆的猜想与假设。 2. 经历和体验通过查阅资料进行专题研究的完整过程。 3. 围绕感兴趣的新的研究主题，自主进行研究。 4. 选择自己擅长的方式表述研究过程和结果，与大家交流。
		我是小小调查员	1. 能找出目前居住的社区与绿色社区评价标准所存在的差距，理解展开实地调查研究的重要性，确定调查研究的内容。 2. 采用访谈法、实地考察法、问卷调查法、文献法等方法搜集记录数据与信息，能对所获得的资料进行分类整理，筛选，用图片、统计图表、访谈记录等方式来表示。 3. 能运用自己擅长的方式，展示、交流、分享研究成果并会撰写调查研究报告。	1. 确定调查研究的内容、制订可行的调查研究计划、搜集整理调查数据，并做出合理分析、共享调查研究成果展示社区建设规划。 2. 列举日常生活中的可再生能源、不可再生的能源、清洁能源、可回收和可再利用的资源，树立垃圾分类回收及再利用资源的意识。 3. 树立节水节能、保护资源的意识，说出自己力所能及的节水节能保护资源的举措。
		我是养金鱼小能手	1. 能针对特定的问题，提出相对科学而合理的猜想与假设，进行分析、提炼主题。	1. 养鱼知识知多少，在体验整个探究过程中集体的智慧得到综合运用。

年级	学期	课程名称	学习目标	内容要点
			2. 能周密地考虑自己的研究主题所涉及的相关因素并能在实验中设法控制这些因素,坚持实验并做好观察记录。能通过统计图表等方式整理数据,分析相关数据,并作出判断和结论。	2. 通过"外来物种真可怕"等课程,了解生物在生存过程中所需的条件,所处食物链环节及对生态系统的作用。
		我是小小发明家	1. 小组合作,共同讨论交流,进一步修改与完善自己的研究方案。 2. 逐步养成观察、思考、探究的习惯,学会采用多种途径获取知识,运用多种方法观察身边事物存在的缺点与不足。提升观察能力、比较能力、分类能力、想象能力和发散思维能力。	1. "小小设计师"。(分析与研究一些成功的案例,希望能以此激发灵感,找到开展专题研究活动——"改进雨具"的最佳方法) 2. "我是小小发明家"。
		材料知多少	描述某些材料的导电性、透明程度等性能,说出它们的主要用途。	用小电珠、导线、电池做实验。
		能源知多少	1. 描述人类的生产生活离不开能源。 2. 知道太阳能是生活中可利用的一种清洁、可再生能源。 3. 描述煤炭、石油和天然气是目前人类利用规模最大的能源,知道它们的形成与太阳能有关。	1. 树立节约能源的意识,了解开发利用新能源的一些举措。 2. 树立节约材料资源,材料分类及垃圾分类意识。

"奇妙科学"课程内容的设置涉及物质科学、生命科学、地球和宇宙科学、技术与工程中的多个领域,学生从不同角度理解了科学、技术、社会与环境的关系。学生在"做中学"探究活动中通过动手、动脑学习科学知识,不断提高科学探究能力。

第四节　前行在科学探索道路上

《义务教育科学课程标准(2022年版)》明确指出:"义务教育科学课程是一门体现科学本质的综合性基础课程,具有实践性。根据研究对象不同,可将科学分为物理学、化学、生物学、天文学、地球科学等分支。这些分支具有研究方法的差异,也共享一些通用的科学方法,呈现出相互渗透、交叉融合的趋势。"①根据科学课程性质,教师在教学活动中为儿童提供了多样化的学习机会,如探究的机会,综合运用知识解决真实情境问题的机会,讨论辩论的机会,关心与环境、资源等有关议题的机会等。学习评价过程中做到了主体多元、形式多样,不仅要有教师为主体的测评,而且还要有儿童的自我测评、相互测评以及家长对儿童的测评;不仅有纸笔形式的测验,而且还有以活动、实验、项目报告等多种方式进行的测评。"奇妙科学"课程在遵守《义务教育科学课程标准(2022年版)》基础上,结合"奇妙科学"课程理念、学科性质、课程目标等多方面要求,将"奇妙科学"课程从"奇妙课堂""奇妙课程""奇妙学习""奇妙社团""奇妙科技节"等五个方面进行实施。

一、构建"奇妙课堂",打造新奇趣味的科学课堂

"奇妙课堂"是依据儿童实际成长状况创设的有助于儿童进行探究式学习的空间,是能引起儿童的认知冲突,拓展儿童发散性思维的课堂。"奇妙课堂"重视师生互动和生生互动,引导儿童对所学知识和方法进行总结与反思,通过独立和合作,逐步学会调节自身的学习,并克服学习过程中的困难,成为一个具有终身学习能力的学习者。

兴趣为前提。兴趣是儿童主动参与学习、积极思考的动力。基于儿童的心理发展特点,"奇妙科学"课堂在情境的创设上,不但结合儿童的认知规律和教学内

---

① 中华人民共和国教育部. 义务教育科学课程标准(2022年版)[S]. 北京:北京师范大学出版社,2022:1.

容有所变化,而且还赋予了一定的时代气息和新的情景设置。情境的表现形式也是多种多样的,例如,先前科学课堂大多以传统的问题、故事为导入情景,现在的"奇妙课堂"可以通过先观察一些实物或实验现象,用更直观形式创设情境,达到激发儿童学习兴趣的目的,用科学本身的魅力吸引儿童。

问题为主导。问题是思维的起点和动力,是课堂组织的载体,有指向性的问题是课堂中儿童开展学习活动的指挥棒。在"奇妙科学"课堂中,课堂上留给儿童充足的自主观察时间,使儿童能够在观察中发现并提出问题,结合生活常识作出猜想与假设,为下一个探索环节指明方向,使儿童提出问题的能力不断得到提高。

探索为驱动。"奇妙科学"课堂不仅强调学习任务要具有一定的难度和现实意义,同时更加强调如何促使儿童全面参与到科学探索中来,特别是情感参与和认知参与。在教学中,教师根据小组提出核心问题,然后将其确定为课堂的探索性任务,儿童自主选择相应的问题进行探索研究,在尝试、探索、反复试验中解决问题,得到结论。教师结合儿童不同层次水平的需要,给予相应的学习支持。

结论中收获。要使每个儿童都得到提高,学会总结也是一种有效的学习方式。"奇妙科学"将教学的着眼点通过小组合作探究,从而得出相应的结论。用不同的形式把结论撰写成研究报告。例如,我们可以用观察日记的形式来解释一些植物的生长过程,用模型来说明太阳、月球、地球三者之间的位置关系,用调查报告的形式来反映一个社区环境的问题,等等。这一过程,对于儿童来说是一次总结,在总结中一定会有意想不到的收获。

交流中提升。交流是学习过程的重要组成部分,它直接影响到课堂教学的效果。"奇妙课堂"为儿童创造一种生动活泼的课堂气氛,使他们没有思想负担,能大胆地、无拘无束地讨论问题,论证自己的观点,学会评价其他小组的作品。在每个实验结束、主题谈论结束时,教师都给予了儿童去交流的机会。这种形式不但使儿童能在交流中获得知识,有效促进学习,而且也能在师生交流、生生交流之中学会尊重别人,同时也开阔眼界,启发思维,丰富智慧,提升科学素养。

二、建设"奇妙课程",丰富科学课程内容

"奇妙课程"是以儿童学习和发展为基点,以提高科学素养为指向,开发具有校本化、特色化的学科课程。根据儿童的认知规律、科学学习特点和儿童实际学

习探究情况,课程设置源于教材,突出核心内容,对相关领域适度拓展,激发儿童的学习兴趣,体验科学探究的过程,提高自主探究能力和解决实际问题能力,培养对自然的好奇心,以及批判和创新意识、环境保护意识、合作意识和社会责任感,全面提升儿童的科学素养。

"奇妙课程"的建设与生活接壤,与兴趣相关,与实践相连,彰显着课程的育人价值。

与生活接壤。陶行知先生提出"生活即教育""教学做合一"与"为生活而教育"的观点。"奇妙课程"的建设本身就是源于生活,生活是科学课程的生长点。在教学过程中教师依据不同年龄儿童的生活经验,设计了一系列的探究活动,让儿童在探究活动中完善自己的科学知识体系。"奇妙科学"课程开发过程中紧紧围绕"与生活情境相衔接的教学情境""与生活相衔接的探究材料""与生活相衔接的课外拓展"三大主题进行。

与兴趣相关。儿童对于新的事物总是抱有新奇的态度,"奇妙科学"课程的建设恰恰满足了儿童的好奇心与求知欲,而儿童的好奇心与求知欲直接表现出来的是对事物的兴趣。"奇妙科学"课程开发过程中着重于激发儿童对科学知识的兴趣,保持他们的童趣,并适宜地引导儿童的问题意识,让儿童更容易接受这个神秘和奇妙的科学世界。

与实践相连。"奇妙科学"课程开发过程中引导儿童亲身经历各种实践的学习方式,积极参与各项社会实践活动,积累丰富的经验,自主获取知识,发展实践能力和创新能力,引导儿童在实践中学习,在实践中发展。真正从"做科学"中"懂科学",而不像以前那样听科学、读科学、看科学、记科学,在"做中学"的过程中,激发儿童的兴趣,开拓儿童的思维,帮助儿童建构一个清晰的科学世界。

三、倡导"奇妙学习",提高儿童自主学习能力

"奇妙学习"致力于培养儿童自主学习能力,养成良好的学习习惯。学习是儿童自己的事情,他人无法替代,"奇妙学习"为儿童的活动留有充足、必要的时间,讲究为儿童的科学活动提供帮助,变告知为启发,变单向传输为师生互动,变儿童被动为儿童主动。

"奇妙学习"通过实践探究活动,让儿童在实践中体验和积累认知世界的经

验,提高科学素养,体会科学的价值,帮助儿童综合运用已有的知识和经验,经历自主探索和合作交流的过程,发展儿童解决问题的能力,全面提升儿童的科学素养。小学科学与其他课的重要区别之一是在很多情况下儿童要通过动手做来学习科学知识。如做实验、制作模型、观察、测量、种植与饲养等,这些活动不仅是儿童喜欢的学习方式,而且也是儿童理解科学概念的重要经验支撑。动手不应是纯粹的操作性活动,还应与动脑相结合,边动手边思考,还可以两者相互支持,相得益彰。

实验小达人。在实施过程中教师以儿童动手操作实验为主,通过实验找出规律,总结科学知识,得出实验结论;儿童在实验的过程中体验到了科学的兴趣性,发挥思维的创造性。

制作小能手。"奇妙学习"过程中有很多制作模型的主题单元,儿童在制作模型的过程中,动手操作帮助儿童解决了实际问题,并从中培养了儿童解决问题的能力。例如,制作小帆船、飞机、太阳高度测量仪,等等。

小小辩论赛。在科学知识的海洋里,有很多值得辩论的话题,举办小小辩论赛旨在使儿童通过自己搜集事实与证据,为辩题找依据,通过辩论赛将自己的观点阐述清楚。这个过程锻炼了儿童搜集资料的能力,同时还可以提高儿童的口语表达能力,将科学学科与语文学科进行较好的融合。

实践调查活动。儿童进行实践调查既锻炼了科学实践能力,提高了解决问题的能力,又能锻炼儿童的语言能力,有效提高了儿童做调查计划的能力,培养儿童坚持、勇敢和坚毅的品格。

四、创建"奇妙社团",增强儿童学习兴趣

"奇妙社团"是从儿童的兴趣出发,以小组合作研究的方式组建的科学兴趣社团。"奇妙社团"致力于调动儿童的学习积极性,让儿童充分参与其中,在确定主题后,针对主题进行讨论,着手制定切实有效的实施方案。

根据儿童年龄特点,精选研究主题。在实施过程中,教师把科学社团根据不同的内容进行细化,比如,做实验,制作模型,观察,测量,种植与饲养……着重关注儿童自主、合作、探究的意识,倾听、协作、分享的能力。结合儿童年龄特点,给低年级儿童提供以观察为主的主题,中年级儿童提供以实验为主的主题,高年级

儿童提供以制作模型、种植饲养等为主的主题。

"慧眼看世界"社团。一至二年级的儿童尚且处于"感知科学"阶段,该社团由培养儿童的具体形象思维能力入手,逐渐过渡到形象抽象思维能力的培养,强调儿童在教师的指导下进行探究学习。通过社团学习之后,大部分儿童在教师的指导下均能对观察结果进行表达,并与同学进行讨论和交流,能用自己的语言对常见的自然规律或现象进行描述。

"探索奥秘"社团。三至四年级的儿童已经逐渐过渡到"认知科学"的阶段,该阶段强调儿童在教师的指导下进行实践学习。通过在社团中的学习,儿童亲历从提出问题到作出假设、搜集证据、处理信息并得出结论的探究过程来建构科学知识,学会利用科学方法和科学知识初步理解身边的自然现象,并解决某些简单的实际问题,同时培养儿童积极的科学态度。

"巧手百变"社团。五至六年级儿童的"探索科学"阶段逐步提升到抽象逻辑思维能力的培养,更强调让儿童学会自主探究。该社团致力于培养儿童自主学习和小组合作学习的能力,通过自己动手制作模型、培育植物、饲养小动物等活动,更加突出儿童在学习中的主体地位。

五、举办"奇妙科技节",浓郁科学课程氛围

"奇妙科技节"是为儿童提供多样化、个性化的自由展示科学成果、科学发明的展览活动。举办"奇妙科技节"的主要目的是通过展览活动,丰富儿童的知识水平,激发儿童的科学兴趣和科学小发明的热情,感受到科学的魅力所在,保护儿童的发明创造心,让儿童在发明创造中体会到幸福感与成就感。

"奇妙科技节"在每年的 4 月份举办,内容设置上主要考虑儿童的参与性、兴趣性、自主性等多方面因素,科技节的举办面向全体儿童,设置内容也具有多样性,满足儿童的不同需求。

科学知识大闯关。这里涉及的科学知识主要是以课堂中所学内容为主,穿插着拓展性知识进行考查,设置难度从易到难。科学知识大闯关活动可以使枯燥的科学基础知识变得有趣,有效提高儿童的学习兴趣,同时,此活动全班所有儿童都可以参加,增加了儿童参加活动的广度。

模型展示台。展示台活动主要针对儿童的动手操作能力,儿童将制作的有

趣、自主、创新的模型进行展示,并讲解自己的模型特点与性能以及创作中遇到的典型问题。此活动的设置有利于发展儿童的动手操作能力、语言能力等多方面能力。

科学实验大观园。此内容主要对科学课程中一些经典、易完成的实验进行现场呈现,如燃烧的条件、杠杆平衡规律等实验,儿童通过再次进行实验体验,过足实验瘾。此项活动在一定程度上解决了课堂上因缺乏实验条件而无法满足全部儿童体验实验乐趣的缺陷,增加儿童学习主动性。

"奇妙科学"课程实施以来,学生的科学知识呈循序渐进、螺旋式上升,学生对物质科学、生命科学、地球与宇宙科学、技术与工程等知识不断认知,逐步构建出清晰的科学知识体系。"奇妙科学"极大地激发了学生学习科学的兴趣,科学探究的种子已经在学生的心中深深扎下了根。同时,我校科学教师的教育理念在不断优化,教学方法在不断完善,教学能力在不断提升,开发课程的能力有了进一步的提高。

(撰稿者:徐建梅 曹真 梁霞 王成军 刘晓茹 王佳彤 霍楠 张翠翠)

第五章
悦活体育：让儿童在运动中释放天性

　　运动如春风般灵动轻盈，如夏雨般淋漓尽致，如雷电般铿锵有力。足球场上，孩子们挥汗如雨，奋力拼搏，用飞奔的双脚、灵活的身躯、默契的团队合作，共同体验着创新的激情；田径场上，孩子们用坚实的脚步诠释着速度与激情……儿童在运动中理解生命、体验生命、热爱生命，从而使儿童的身体和精神更健康，意志更坚强，心智更健全，团队协作意识更强烈。

郑州市管城回族区创新街小学体育组，现有教师 17 人，其中中小学一级教师 5 人，国家级足球骨干教师 1 人，国家一级田径裁判员 1 人，国际田联少儿趣味田径讲师 1 人。为进一步提升体育与健康学科的质量，学校依据教育部《关于深化课程改革落实立德树人根本任务的意见》和《义务教育体育与健康课程标准（2022 年版）的要求》，深入推进体育与健康学科课程建设，实现了学生身心健康的发展目标。

第一节　开启健康快乐之旅

小学体育与健康课程的任务是让学生掌握基本的体育与健康知识、发展学生基本运动能力、实践与创新能力；体验运动乐趣和成功，养成体育锻炼的习惯。发展良好的心理品质、合作和交往能力；提高自觉维护健康的意识，基本形成健康的生活方式和积极进取、乐观开朗的人生态度。基于《义务教育体育与健康课程标准（2022年版）》，我校体育教师团队深化课堂改革，研究教材教法，在不断实践中确立了体育与健康学科课程哲学。

一、学科性质和价值观

《义务教育体育与健康课程标准（2022年版）》指出："体育与健康教育是实现儿童青少年全面发展的重要途径，对于促进学生积极参与体育运动、养成健康生活方式、健全人格品质，提升国民综合素质，推动社会文明进步，建设健康中国和体育强国，实现中华民族伟大复兴具有重要的现实和长远意义。义务教育体育与健康课程以身体练习为主要手段，以体育与健康知识、技能和方法为主要学习内容，以发展学生核心素养和增进学生身心健康为主要目的，具有基础性、健身性、实践性和综合性等特点，是学校教育的重要组成部分，对促进学生德智体美劳全面发展具有非常重要的价值。"[1]

二、体育与健康学科课程理念

《义务教育体育与健康课程标准（2022年版）》指出："体育与健康课程根据学生运动技能形成规律和身心发展规律，整体设计课程内容，体现保证基础、重视多样、关注融合、强调运用等理念。保证学生学习和掌握结构化的基本运动技能、体

---

[1] 中华人民共和国教育部. 义务教育体育与健康课程标准（2022年版）[S]. 北京：北京师范大学出版社，2022：1.

能、专项运动技能和健康技能等,为学生参与运动和养成健康的生活方式奠定基础;重视系统安排多种运动项目的学练,促进学生形成丰富的运动体验,协调发展运动能力;关注体育与健康教育内容、体能与技能、学练与比赛、体育与其他相关学科等方面的有机融合,提高学生举一反三、融会贯通的能力;强调引导学生将体育与健康知识、技能和方法运用到体育学习、体育锻炼、运动竞赛和日常生活中,增强学生的理解能力和实践能力。"[①]

体育课程以学生发展为本,把课堂还给学生,让课堂焕发出生命的活力,引领儿童用心灵去感悟体育的魅力,鼓励学生的个性化发展。结合我校体育学科的实际情况,把"悦活体育"作为体育与健康学科的课程理念。

(一) 多元为途径,促进全面发展

"悦活体育"用丰富的内容、多样的形式和各种各样的体育器材等激发儿童的运动兴趣,提升儿童的体育品质与运动能力。

(二) 健康为目标,提升身体机能

"悦活体育"是以增进儿童的健康为目的,落实健康行为、体育品格与运动能力的课程。保持儿童身体健康最好的办法,就是加强体育运动,促使儿童的身体机能不断强化。

(三) 意志力为方向,增进体育品格

体育运动不仅可以培养儿童的意志品质,锻炼儿童的毅力,还可以增强他们克服困难、战胜困难的信心,有助于促进他们的全面发展。

(四) 生命为前提,激发身体活力

运动可以促进骨骼生长、变粗,增加骨密度,增加骨重量,增加肌肉的力量和耐久力。"悦活体育"通过各种课程的实施,让儿童因运动而使生命充满活力。

总之,"悦活体育"致力于让强健的身体与完善的人格一同发展,展现生长的精彩,让孩子在运动中释放天性,健康苗壮地成长。

---

① 中华人民共和国教育部. 义务教育体育与健康课程标准(2022 年版)[S]. 北京:北京师范大学出版社,2022:2—3.

第二节　让儿童在运动中健康成长

　　"悦活体育"课程以激发学生运动热情、培育终身运动意识为目标,引导学生进行体育锻炼、初步掌握学习运动技能的基本方法,养成良好的运动习惯,具有适应现实生活需要的社会适应能力。学校希望通过运动文化的熏陶感染,促进学生和谐发展,提高学生的文化修养,逐步形成良好的个性和健全的人格,特制定"悦活体育"课程总目标。

一、学科课程总目标

　　依据《义务教育体育与健康课程标准(2022年版)》总目标所指出的三方面目标:一、掌握与运用体能和运动技能,提高运动能力;二、学会运用健康与安全的知识和技能,形成健康的生活方式;三、积极参与体育活动,养成良好的体育品德。根据我校的实际,我校体育与健康课程总体目标为:"激发学生运动兴趣,让学生掌握基本的运动知识,积极广泛地参与多项体育锻炼,学会、学精一至多项常用体育锻炼技能,并能在生活中运用所学运动技能进行自主锻炼,从而达到增强体质、身体健康、终身体育的目标。"

(一) 掌握与运用体能和运动技能,提高运动能力

　　《义务教育体育与健康课程标准(2022年版)》指出:"通过体育与健康课程的学习,学生能享受运动乐趣,掌握各种体能的学练方法,积极参与各种体能练习,达到《国家学生体质健康标准(2014年修订)》的相应要求,改善体形,保持良好的身体姿态;在学练多种运动项目技战术和参与展示或比赛的基础上掌握1—2项运动技能;认识体能和运动技能发展的重要性,掌握所学运动项目的基础知识和基本原理,了解并运用所学运动项目的规则;经常观看体育比赛,并能简要分析体育比赛中的现象与问题;形成积极的体育态度,提高分析问题和解决问题的能力。"[1]

---

[1] 中华人民共和国教育部. 义务教育体育与健康课程标准(2022年版)[S]. 北京:北京师范大(转下页)

"悦活体育"课程注重学生运动技能的掌握,在低年级贯彻《义务教育体育与健康课程标准(2022年版)》以游戏为主的要求,让学生掌握基本的运动技能。在中高水平段,使学生对运动技能的掌握逐渐专业化,从而达到学会、学精1—2项运动技能的目标。

(二) 学会运用健康与安全的知识和技能,形成健康的生活方式

《义务教育体育与健康课程标准(2022年版)》指出:"通过体育与健康课程的学习,学生能理解体育锻炼对健康的重要性,积极参加校内外体育锻炼,逐步形成体育锻炼意识和习惯;掌握个人卫生保健、营养膳食、青春期生长发育、常见疾病和运动伤病预防、安全避险等知识与方法,并运用在学习和生活中;了解和体验体育活动对心理健康的积极影响,学会调控自己的情绪,积极应对挫折和失败,保持良好的心态;主动与他人交流与合作,知道在不同环境下进行体育锻炼的方法和注意事项,逐步适应自然环境和社会环境。"[②]"悦活体育"课程注重引导学生懂得营养、行为习惯和疾病预防对身体发育和健康的影响。积极引导学生进行学习和锻炼,逐渐形成能够关注自身健康的意识和行为。

(三) 积极参与体育活动,养成良好的体育品德

《义务教育体育与健康课程标准(2022年版)》指出:"通过体育与健康课程的学习,学生能理解参与体育学练、展示或比赛对个人品德塑造的重要性;积极参与体育活动,在遇到困难或挑战自身身体极限且保证安全的情况下能克服困难、坚持到底,与同伴一起顽强拼搏;遵守体育游戏、展示或比赛规则,相互尊重,诚实守信,具有公平竞争的意识和行为;充满自信,乐于助人,表现出良好的礼仪,承担不同角色并认真履行职责,正确对待成败;能将体育运动中养成的良好体育品德迁移到日常学习和生活中。"[③]据此,"悦活体育"也将运动参与作为目标之一,通过多种方法激发学生的运动兴趣,使其积极主动地参与进来,感受多种体育活动和比赛的乐趣,获得成功的体验。"悦活体育"课程通过体育游戏、技能学习、比赛等方

(接上页)学出版社,2022:6.

② 中华人民共和国教育部. 义务教育体育与健康课程标准(2022年版)[S]. 北京:北京师范大学出版社,2022:6—7.

③ 中华人民共和国教育部. 义务教育体育与健康课程标准(2022年版)[S]. 北京:北京师范大学出版社,2022:7.

面,培养学生的自信心、坚强的意志品质、良好的体育道德、合作精神与公平竞争的意识,逐步让学生掌握调节情绪和与人交往的方法。

二、学科课程年级目标

根据以上课程总目标、教材、教师用书,结合学校实际,我们制定了小学六个年级的课程目标。这里,我们以五年级为例来说明(见表 5-1)。

表 5-1 "悦活体育"五年级目标表

年级＼内容	上 学 期	下 学 期
五年级	基本体操 1. 学习并掌握向右、向后转走的方法。 2. 发展思维分化能力,提高整体动作协调一致和合作能力。	基本体操 1. 学习并掌握向右向后转走、向左转走。矫正不良姿势,促进身体各器官发育和身体全面发展。 2. 能够认真地参与各种队列队形练习,体验感受个人与集体的关系,树立合作意识与集体主义精神。
	田径 1. 学习蹲踞式起跑、快速跑(对角线跑、分组跑、跑垒)、50×8 往返接力跑;各种方式跳绳、单人跳绳、双人跳绳、蹲踞式跳远、正向、反向互滚实心球、双手从头后向前抛实心球的方法。 2. 发展快速奔跑、跳跃及上肢力量。 3. 培养群体意识、创新精神和动手、动脑能力,陶冶美的情操,体验成功的喜悦。	田径 1. 掌握运动时身体的正确姿势,学会跑、跳跃和投掷的基本技能;发展灵敏、协调、速度、力量和耐力等身体素质,促进身体的正常发育,改善和提高内脏器官的功能。 2. 增强克服困难、战胜挫折的勇气和信心;提高合作、竞争的意识和能力,体验群体学习的乐趣。
	技巧与器械体操 1. 能够说出所学动作的名称,掌握技巧练习中保护与帮助的方法,知道在安全的场地、器材上练习技巧动作。 2. 学习分腿腾越、单杠、爬云梯。 3. 发展体能,提高灵敏、协调和平衡能力,增强上、下肢,腹背,腰部和肩带肌肉力量,改善内脏器官的功能。 4. 鼓励展示自我,调动学习的参与意识和积极性,体验在运动时的不同心理感受,树立自信与自尊,克服胆怯、畏难等心理障碍,通过同伴和群体间的	技巧与器械体操 1. 学习前滚翻分腿起、连续前滚翻成直线、连续后滚翻成直线、高处跳下接前滚翻,双杠支撑移动。 2. 发展体能,提高灵敏、协调和平衡能力,增强上、下肢,腹背,腰部和肩带肌肉力量,改善内脏器官的功能。 3. 树立自信,克服胆怯、畏难等心理障碍。通过同伴和群体间的共同讨论、彼此勉励和互相保护与帮助,体验集体学习的乐趣。培养勇

内容 年级	上 学 期	下 学 期
	共同讨论、彼此勉励和互相保护与帮助,体验集体学习的乐趣。 5. 培养勇敢、顽强、果断和克服困难的良好品质,树立安全意识,防止发生意外事故。	敢、顽强、果断和克服困难的良好品质,树立安全意识。
	小球类和球类游戏 1. 能够说出所学小足球运动的动作名称与术语以及简单的竞赛规则,了解其基本锻炼价值; 2. 学习足球基础知识、脚背正面运球等动作技能。 3. 在小足球活动中,锻炼身体,发展速度、灵敏、协调等身体素质。 4. 要充分地相信自己的能力,自尊、自信,勇于克服困难,培养坚强的意志;能与同伴友好相处,团结合作,关爱弱者,尊重对手,树立优良的体育道德作风。	小球类和球类游戏 1. 能够说出所学小篮球基本技术的动作名称及术语,了解小篮球运动的基础知识,了解其锻炼价值及简单的比赛规则。 2. 掌握双手胸前传接球技术、直线曲线运球技术并能够在篮球游戏及比赛中综合运用。 3. 增强自尊、自信,勇于克服困难的坚强意志。
		武术 1. 能够说出基本动作和掌握五步拳套路中的一些动作的名称和术语,了解其基本锻炼价值和攻防含义。 2. 掌握基本动作中,能够协调连贯、劲力顺达、形神兼备地完成动作演练。 发展柔韧、灵敏、速度、力量等身体素质和动作的衔接能力。 4. 能够积极主动地参与,体验到习武的乐趣。能够精神振奋、意气昂扬,表现出勇于克服困难、顽强果敢、坚韧不拔的优良品质。
	体育与健康常识 了解青春期男女生的生理特点,知道青春期生理机能都发生了哪些变化。	体育与健康常识 了解青春期应该注意的卫生要求,青春期的锻炼方法。
	游戏与游戏教学 1. 发展快速奔跑能力,提高协调、敏捷素质。	游戏与游戏教学 1. 积极、主动地参加游戏,记住所学游戏的名称、规则方法,乐于展示游

内容 年级	上　学　期	下　学　期
	2. 培养集体荣誉感、团结协作、机智、勇敢、勇于进取的优良品质。	戏的各类动作。 2. 学会应用游戏的技能,提高人体基本活动能力,了解游戏活动的卫生知识和方法,并能运用已有知识、技术和技能,自主设计和组织简单的游戏活动。

第三节　描绘体育课程图景

依据《义务教育体育与健康课程标准(2022年版)》结合我校"悦活体育"与健康课程理念的要求,我校体育与健康课程努力构建体育健康知识与技能、过程与方法、情感态度与价值观等有机统一的课程目标。根据课程任务,我校对课程总目标中三个方面的目标及体育学科的核心素养进行设置,皆在培养学生掌握体育与健康基础知识、基本技能与方法,增强体能;学会学习与锻炼、发展体育与健康、实践与创新能力;体验运动的乐趣和成功,养成体育锻炼的习惯;发展良好的心理品质、合作与交往能力;提高自觉维护健康的意识,基本形成健康的生活方式和积极进取、乐观开朗的人生态度。同时满足学生的个性化学习需求,培养学生的体育特长,开发学生的潜能,形成特色项目,促进学校办学特色的形成。

一、学科课程结构

根据《义务教育体育与健康课程标准(2022年版)》总体目标及我校实际情况把"悦活体育"分为"悦活参与""悦活运动""悦活健康""悦活意志",使之成为联接课程目标与课程学习的桥梁(见图5-1)。

在图5-1中,各板块课程如下。

(一) 悦活参与

此内容对应运动参与目标。我们着重提升孩子的参与度,通过多种多样的游戏,让孩子自觉地融入体育锻炼中,体验到运动的乐趣,从而能积极主动参与体育锻炼,完成学习任务。通过有趣的游戏,让孩子在游戏中培养遵守规则、团结协作、克服困难、乐于助人等品质。

(二) 悦活运动

此内容对应运动技能目标。根据《义务教育体育与健康课程标准(2022年版)》的要求和我校要求,在完成国家基础课程的基础上,深入培养学生运动技能:田径、武术、篮球、足球、跳绳等,让孩子掌握一至多项的运动技能,为培养其运动

图 5-1 "悦活体育"课程结构图

习惯及树立终身体育意识打下坚实的基础。

（三）悦活健康

此内容对应身体健康目标。健康知识与行为包括：基本保健知识和方法、塑造好体形和身体姿态。了解掌握基本保健知识，塑造好的身体姿态，发展速度、力量、灵敏、柔韧等素质，让孩子健康快乐地成长。

（四）悦活意志

此内容对应心理健康与社会适应。通过体育游戏及体育比赛的形式体验体育活动对情绪的积极影响，培养学生的体育道德，让学生在游戏中和比赛中形成合作意识与能力，磨炼其意志品质。

二、学科课程设置

"悦活体育"依据《义务教育体育与健康课程标准（2022 年版）》，在认真执行国家课程的基础上，学校开发设置了丰富的课程（见表 5-2）。

表 5-2 "悦活体育"课程设置表

年级	学期	悦活参与	悦活运动	悦活健康	悦活意志
一年级	上学期	芭蕾舞接力走	走跑钻爬真有趣	坐立行我最美	柔韧与游戏技巧
	下学期	中华功夫我传承	基本运动我最棒	卫生知识我知道	游戏规则我遵守
二年级	上学期	我是小小解放军	跑跳小达人	健康饮食益处多	花样接力
	下学期	开火车	球类乐园	安全运动促健康	双人夹球走
三年级	上学期	螃蟹赛跑	不惧挑战	运动前后的饮食卫生	传递友情
	下学期	夹包跳	勇敢的士兵	心灵之窗的秘密	满满正能量
四年级	上学期	相信自己	冲过战壕	预防病毒我能行	你追我赶
	下学期	小小保龄球	梯子上的赛跑	燃烧我的卡路里	足球少年
五年级	上学期	齐头并进	玩转篮球	奥林匹克	万众齐心跳
	下学期	青蛙争先跳	技巧争霸	青春年华	心心相印
六年级	上学期	比比谁的功力大	一级方程式	巧辨危险源	篮球友谊赛
	下学期	一代宗师	绳舞飞扬	处理损伤的学问	足球小明星

三、"悦活体育"课程内容

根据表 5-2 的课程设置,对课程内容进行细致安排(见表 5-3)。

表 5-3 "悦活体育"课程内容表

年级	学期	课程名称	课程目标	课程要点
一年级	上学期	芭蕾舞力走	1. 能够走直线。 2. 在走的过程中,能够保持正确的身体姿态。	1. 单人10米直线走。 2. 单人10米曲线走。 3. 团体直线接力走。
		走跑钻爬真有趣	能够正确地做出各项动作。	1. 各种正确姿势的走。 2. 各种姿势的自然跑。 3. 各种技巧的钻。 4. 模仿各种动物爬行。
		身体姿态	1. 能认识到正确姿态的重要性。 2. 掌握正确的姿态。	学会区别不良身体姿态和正确姿态。
		坐立行我最美	1. 了解正确坐、立、行姿势,学习预防和矫正不良姿势的方法。 2. 在日常学习中表现出良好的坐、立、行姿势。	1. 正确坐姿、站姿、行走姿势。 2. 知道不良姿势的不良影响,学会预防。

年级	学期	课程名称	课程目标	课程要点
	下学期	中华功夫我传承	1. 了解简单的武术知识。 2. 掌握基本的武术敬礼、手型	1. 武术基本礼仪。 2. 各种基本武术动作。
		基本运动我最棒	1. 掌握简单的走、跑、跳、投的方法。 2. 能在游戏中正确运用。	1. 各种反应跑、集体跑、携物跑等。 2. 各种单双脚跳、趣味跳。 3. 抛、投、甩球等动作。
		卫生知识我知道	1. 掌握日常卫生知识。 2. 在生活中能讲文明、讲卫生。	1. 正确的个人卫生行为。 2. 健康的饮食习惯。
		游戏规则我遵守	1. 能够遵守游戏规则。 2. 积极参与到游戏中,提高团队协作和规则意识。	1. 正确的站立式起跑姿势。 2. 小组合作、交流能力。
二年级	上学期	我是小小解放军	1. 掌握基本的队列队形知识。 2. 能和同伴配合完成练习。	1. 稍息、立正、向右看齐。 2. 原地转法。
		跑跳小达人	1. 掌握基本的跑、跳方法。 2. 能在游戏中正确运用。	1. 快速跑。 2. 单、双脚跳跃。
		健康饮食益处多	1. 了解健康饮食的重要性。 2. 避免挑食、偏食。	1. 饮食卫生的常识。 2. 饮食卫生的重要性,养成正确的饮食习惯。
		花样接力	1. 掌握迎面接力、折返接力的方法。 2. 能在游戏中正确运用。	1. 迎面接力。 2. 折返接力。
	下学期	开火车	1. 掌握单、双脚跳跃的方法。 2. 能和同伴一起完成游戏。	单、双脚跳连续向前跳跃。
		球类乐园	1. 熟悉小篮球、小足球的球性。 2. 在游戏中增强学生对球类的兴趣。	1. 篮球基础运球。 2. 足球基础脚内侧踢球。
		安全运动	1. 知道游戏中的安全常识。 2. 在游戏中知道注意安全。	1. 体育锻炼的保护的常识。 2. 运动损伤基本处理方法。
		双人夹球走	1. 能和同伴一起完成游戏。 2. 知道合作的意义。	1. 双人不同大小夹球走。 2. 双人不同软硬夹球走。

年级	学期	课程名称	课程目标	课程要点
三年级	上学期	传递友情	1. 能在游戏中体验到集体荣誉感。 2. 积极完成游戏。	3—5 人或 8—10 人为一组,传递物品完成接力赛跑。
		梯子上的赛跑	1. 能正确认识到步频在快速跑中的作用。 2. 掌握快速跑的正确姿势。	1. 梯子的各种玩法创新。 2. 快速跑。
		运动前后的饮食卫生	1. 知道运动前后的正确饮食方法。 2. 运动前后不合理饮食对身体的损害。	1. 运动健康饮食常识。 2. 不合理饮食的危害。
		螃蟹赛跑	1. 能和同伴一起完成游戏。 2. 知道合作的意义。	1. 双人 10 米直线快速跑。 2. 双人 20 米障碍赛跑。
	下学期	满满正能量	1. 能在游戏中体验到集体荣誉感。 2. 积极完成游戏。	3—5 人接力完成 50 米不同任务。
		勇敢的士兵	能在游戏中正确运用跑、爬、投技术动作。	1. 不同线路的跑。 2. 不同高度的爬。 3. 不同远度的投。
		心灵之窗	1. 知道眼睛的重要性。 2. 掌握保护视力的方法。	1. 眼睛的重要性。 2. 保护视力的方法。
		夹包跳	1. 能在游戏中正确运用所学跳跃技能。 2. 发展学生的弹跳能力。	1. 单人夹包跳。 2. 集体夹包跳比赛。
四年级	上学期	相信自己	1. 能在游戏中找到自信。 2. 掌握过障碍的方法。	单人障碍跑。
		冲过战壕	能在游戏中正确地运用跑、过障碍动作。	1. 不同难度的钻、爬、滚、投障碍动作。 2. 不同难度障碍动作。
		预防病毒我能行	1. 了解常见的病毒。 2. 知道预防病毒的方法且能运用。	1. 认识病毒危害。 2. 病毒预防办法。
		你追我赶	1. 发展学生快速奔跑能力。 2. 在游戏中体验到竞争带来的快乐。	1. 中短距离快速跑。 2. 两人一组追逐跑。

年级	学期	课程名称	课程目标	课程要点
五年级	下学期	不惧挑战	1. 提高学生对球类运动的兴趣。 2. 在运动中增强自信心。	1. 篮球两人运球抢断游戏。 2. 足球两人抢球游戏。
		足球少年	1. 掌握简单的足球传、运技术。 2. 能在游戏中合理运用。	1. 足球运球。 2. 足球传球。
		燃烧我的卡路里	1. 能描述自己及同伴的身体特征。 2. 掌握合理运动的方法。	1. 认识不同的体态。 2. 不良体态产生的原因。 3. 健康体态养成方法。
		小小保龄球	1. 掌握抛实心球的方法。 2. 在游戏中体验到抛、掷的快乐。	1. 双手体前抛实心球。 2. 击倒目标游戏。
	上学期	齐头并进	1. 掌握多人合作的方法。 2. 在游戏中体验到集体运动的快乐。	1. 三人两足。 2. 拿木棍跑。
		绳舞飞扬	1. 掌握花样跳小绳及大绳的方法。 2. 在游戏中发展学生的跳跃能力。	1. 单双脚跳绳及编花跳。 2. 双绳跳跃。
		奥林匹克	1. 了解简单的奥林匹克知识。 2. 能将奥林匹克精神运用到体育运动中。	1. 了解奥林匹克知识与精神。 2. 知道我国参与奥运会历史文化。
		万众齐心跳	1. 掌握集体跳大绳的方法。 2. 体验到集体协作运动的乐趣。	1. 多人跳大绳练习。 2. 集体跳大绳练习及比赛。
	下学期	青蛙争先跳	1. 掌握双脚跳跃方法。 2. 发展学生跳跃能力。	1. 固定距离连续跳跃。 2. 不同距离的连续跳跃。
		技巧争霸	1. 掌握前滚翻、后滚翻、跪跳起、肩肘倒立等基本技巧动作。 2. 勇于展示自己。	1. 前滚翻、后滚翻。 2. 跪跳起、肩肘倒立。
		青春年华	1. 了解青春期男女生的身体特征。 2. 了解青春期生理机能的变化及生理卫生知识。	1. 展示青春期身体特征。 2. 青春期生理机能变化及生理卫生的知识。
		比比谁的功力大	1. 掌握武术基本手法和步型。 2. 在游戏中正确运用。	1. 扑步、蝎步、马步等步伐。 2. 五步拳。

年级	学期	课程名称	课程目标	课程要点
六年级	上学期	心心相印	1. 能和同伴合作完成游戏。 2. 掌握和同伴交流的方法。	1. 你画我猜游戏。 2. 你说我贴游戏。
		一级方程式	1. 掌握正确的滚翻、跑、绕、跨动作。 2. 在游戏中发展学生身体素质，增强学生的集体荣誉感。	1. 一级方程式内容和路线练习。 2. 分组进行游戏比赛。
		巧辨危险源	了解日常生活中运动、用水、用电等安全及预防危险的方法。	1. 了解生活中的危险源。 2. 如何预防解决危险源。
		篮球友谊赛	1. 掌握篮球的基本传、运、投及配合方法。 2. 发挥团队意识，敢于展现自我。	1. 基本传、运、投及配合。 2. 组织小组比赛。
	下学期	一代宗师	1. 掌握少年拳第一套动作技术。 2. 勇于展示自我。	1. 复习武术五步拳套路。 2. 少年拳第一套。
		玩转篮球	1. 掌握篮球比赛的规则及基本知识。 2. 能和同伴配合打比赛。	1. 篮球具体规则的认识。 2. 组织比赛，体验裁判员。
		处理损伤	1. 了解容易出现的运动损伤。 2. 掌握简单的运动损伤处理知识及方法。	1. 常见的运动损伤部位。 2. 预防运动损伤的方法。
		足球小明星	1. 掌握足球比赛的规则及基本知识。 2. 能和同伴配合打比赛。	1. 足球具体规则的认识。 2. 组织比赛，体验裁判员。

第四节　经历运动激情，乐享快乐人生

　　《义务教育体育与健康课程标准（2022年版）》指出："体育与健康课程学习的评价与考试是通过系统收集学生的课内体育学习态度与表现、课外体育锻炼情况与成效、健康行为等信息，依据学业质量对所反映的核心素养水平及学生的体育与健康课程学习情况进行判断和评估的活动，是不断完善课程建设的重要环节和途径。通过多样化的学习评价，促进学生达成课程目标，发展核心素养。"[①]"悦活体育"引领儿童发现运动的乐趣，激发儿童活力，促进身体素质提升，收获运动成功的愉悦情感。"悦活体育"学科主要从"悦活课堂""悦活亲子体育节""悦活动大课间""悦活社团""悦活走班""悦活比赛"等六个途径进行实施与评价。

一、建构"悦活课堂"，让学生在运动中成长

　　"悦活课堂"是在我校常规体育教学课堂的基础上建立的体育学科特色课堂。"悦活课堂"坚持以运动体验为中心，在课堂教学中教师尊重学生在课堂学习活动的主体地位，充分考虑学生的身体活动能力，让每个学生都能感受到运动成功的喜悦。具体来说就是通过在课堂上创设趣味灵活教学情境，激发学生参与运动的活力，从而提高学生身体活动的能力，让学生始终处于一种愉悦、活力、开放、和谐的学习氛围中，让每个孩子都觉得运动是有趣的、幸福的。

　　优质的体育课堂教学离不开明确的教学目标、科学的教学内容、合理的教学过程、灵活的教学方法、全面的教学评价。我校也将根据实际情况从这五个方面合理设计悦活体育课堂，保证"悦活课堂"教学有效实施。

　　教学目标明确合理。教学目标的设计要多元、明确、合理，应充分体现体育教学三维目标与体育课程的多种功能和价值。教师应结合学生体能、运动技能等实

---

① 中华人民共和国教育部. 义务教育体育与健康课程标准（2022年版）[S]. 北京：北京师范大学出版社，2022：125.

际,贴近学生生活实际需求,将课程目标具体化、可操作化、层次化,激励学生学习动机和愿望,树立学生自信,增强学生参与能动性,促进教学目标的达成。

教学内容遵循规律。教学内容的选择遵循不同学段学生身心发展特点,抓好学生身体发展敏感期,尊重学生个体差异的原则,充分考虑学生的运动兴趣与实际需求。教学内容的选取应结合学校教学实际,选取具有基础性、实效性、系统性、科学性、针对性、时代性、趣味性的运动项目为重点,并与学生已有的体育经验和生活经验相联系,激发与培养学生的运动兴趣,调动学生学习的积极性。

教学过程尊重差异。教学过程由教师、学生、教学内容和教学媒体等四个要素组成,实施过程应该遵循循序渐进的规律和因材施教的教学原则。教学既要考虑到大多数学生全面提高,又要充分考虑个体差异,由易到难,由简单到复杂地安排练习内容。教师要根据不同水平的教学对象及不同教学内容,设计制定有序性和全面性的学习内容和学习目标,能够以运动技术教学和身体锻炼为载体,切实有效地促进学生的身心健康。

教学方法丰富多样。教学方法应针对不同水平学生的身心发展特点,遵循不同内容的教学规律与要求,选择不同的教学方法。在民主、和谐、开放的教学情境之下,灵活有效地运用自主学习、合作学习、探究学习与传授式教学等方法,引导学生在体育活动中,通过体验、思考、探索、交流等方式,调动学生体育课堂学习的积极性,增强学生获得基础知识、运动技能,培养学生社会交流、合作的能力。

教学评价丰富多元。教学评价要结合我校实际情况,多方面搜集评价信息,准确反映学生的学习情况,充分发挥评价的诊断、反馈、激励与发展功能。在评价目标上要全面、有效;在评价内容上要运用定性评价与定量评价相结合、形成性评价与终结性评价相结合、相对性评价与绝对性评价相结合的原则,保证评价结果的可信度和有效性;在评价主体上采用教师评价、学生评价与其他人员评价相结合。保证教学评价的科学、公正、准确、简便、实用和可操作性,促进学生更好地"学"和教师更好地"教"。

二、打造"悦活大课间",让运动伴随学习

"悦活大课间"是我校课间体育活动的组织形式之一,包括课间操、眼保健操、早操等。课间操通过音乐与肢体的配合,一方面有利于提高学生身体的协调性,

增强体质,培养学生体育活动的意识与习惯,另一方面有利于缓解大脑疲劳,调节情绪、增强学生班级团队意识和班级凝聚力。

"悦活大课间"由三部分组成,分别是早操、眼保健操和课间操。具体的组织工作由体育组负责。实行班主任、体育老师、配班教师到岗制度,各相关人员必须到指定班级指定地点巡查,值班教师负责各楼梯路口的看护,防止学生发生拥挤现象。

30分钟的早操以班级集体跑步为主,慢走放松、动态拉伸为辅。属于低中等强度的体育锻炼。该活动不但可以改善学生的神经系统、呼吸系统和运动系统的功能,而且对于陶冶学生情操,塑造健康的体型美也有积极意义。

课间操以全国阳光大课间规定的第七套广播体操为主,室内操为辅。在轻快、优美的旋律下做操,能增强学生的协调性和节奏感,缓解身体疲劳,有利于学生保持良好的心理状态。

眼保健操在每天中午大课间和下午第一节课后,通过活动对调节视神经,预防或防止近视的加深都有积极的作用。

三、成立"悦活社团",彰显学生个性

"悦活社团"是我校体育课外活动组织形式之一,学生能根据自己学习特长,选择独特的学习方式、方法,在最优的组合、专业的教师指导下,能提高学生个人的运动技术水平,让学生在多样化、个性化的体育锻炼平台,收获体育运动带来的愉悦和自信。

我校目前成立了快乐篮球、校园足球、绳舞飞扬、趣味田径社团。以下对"悦活体育社团"进行简单介绍。

球类社团。快乐篮球、校园足球以创建和谐校园、繁荣校园文化、服务学生成长成才、挖掘学生内在潜力和塑造综合性素质为目的。该项目通过篮球运动和足球运动的开展,增强学生身体素质,提升我校学生对体育竞技运动的认识和理解。让学生在互动交流中培养积极乐观的性格,强化学生的团结协作精神和团队意识,促进学生综合素质的全面提高。

绳舞飞扬。绳舞飞扬是一项以下肢弹跳为主的全身运动,它包括花样跳绳和速度跳绳两大类社团课程。花样跳绳分为单人花样跳绳、双人花样跳绳、多人花

样跳绳、长绳花样跳绳等项目。速度跳绳分为30秒快速跳绳、一分钟快速跳绳。该项目主要锻炼学生的协调性、耐力、灵活性,培养学生的合作意识和团队精神,进而带动学生全面发展。

趣味田径。趣味田径是国际田联根据青少年的心理、生理等发育特点制订出来的一套以趣味性短跑、耐力跑、跳跃、投掷等内容的运动项目。它包括少儿(趣味)田径单项赛和团体赛。团体赛包括短跨接力、十字跳、投掷软式标枪、越过障碍掷准、跪投实心球和一级方程式等项目。该项目通过对传统的田径项目改造,降低了动作难度,简化了竞赛规则,改变了组织形式,提供了适合的器械等方式来激发青少年参与田径运动的兴趣,发掘少年儿童的基本田径技能,让其在享受快乐田径运动游戏的同时,提高身体素质,培养团队精神,造就拼搏竞争的决心和信心。

每个社团活动每周进行1—2次课,活动时间在下午4点20分至5点30分。两位老师负责一个社团,其中一名老师负责低年级,另一名教师负责高年级。每学期伊始,教师要上交本学期社团教学计划与教学方案,每月末整理两张社团照片并进行教学反思,上传到学校德育处社团教学工作云盘,由学校对教师社团工作进行辅导与监督。

四、倡导"悦活走班",尊重学生选择

"悦活走班"是在我校"悦活课堂"的基础上建立的体育学科特色课堂,坚持以学生为中心,重视学生兴趣爱好,给学生充分自主选择的权利。在"悦活走班"教学中,学生根据自己的兴趣和特长选择练习内容,学校根据实际情况,提供个性化学习内容,打破班级编班,使每个学生的学习需求都能得到发展。具体来说就是在教学中充分发挥学生的主体地位,倡导学生利用自主学习、合作学习、探究学习的方式,实现学习方式的多样化,激发学生运动的主动性和积极性,以提高学生体育学习的能力,促进身心协调发展。

学校根据实际情况,将小学教材进行重组,列出的选择项目有:篮球、足球、田径和跳绳,每两周进行一次。在每一学年初始,指导教师上交自己的教学设计和教学方案,并制定好本学期项目教学进度,备课、上课按教学进度进行。班主任组织学生进行自由选择,每个学生限报一项,每班5—6人。为避免学生选课的盲目

性,保持良好的教学秩序,班主任对学生的选课进行指导。

五、开展"悦活比赛",增强竞争意识

"悦活比赛"是我校为开展阳光体育活动,丰富学校体育内容,促使广大学生积极参加体育活动而举行的一系列体育项目竞赛,包括队列队形、广播体操、跳绳。"悦活比赛"以激发学生参与体育活动的积极性,培养学生竞争意识与合作意识为目的。利用体育的社交功能,改善和加强人际交往,增强班级凝聚力,培养集体荣誉感,丰富同学们的校园文化生活。

学校于每年的 12 月份、3 月份、6 月份举行队列队形、广播操、跳绳比赛。由学校领导组成组委会,安排各项具体事务。各科任老师分配到编排组、后勤组、宣传组、裁判组、医疗组等部门。编排组由体育组老师负责编排和设计比赛流程,并担任裁判员工作。后勤组老师负责器材准备、场地布置等。宣传组老师负责赛前的策划、宣传以及赛后总结。医疗组老师负责应对赛中突发情况。

队列队形内容:场地中须完成的基本队形动作及口令,包括齐步走、跑步走、立正、稍息、看齐、报数、队形的散开及靠拢、原地转法(向左、向右、向后转,每个口令不少于 2 次)。

广播体操内容:第三套广播体操"七彩阳光"。

跳绳比赛:包括个人赛和团体赛。个人赛为三分钟单摇跳,个人赛每班选派 5人参加比赛,男女不限;团体赛为三分钟 10 人长绳"8"字跳,规定时间内所跳数量排名,各班自备跳绳。

"悦活体育"以丰富的运动课程为载体,开启学生生命运动的快乐之旅,让学生在丰富的运动体验中磨砺意志、培养协作精神,让学生健康的身心承载梦想远航,为学生的精彩人生打下坚实的基础,用强健的体魄筑梦少年新时代。

(撰稿者:徐建梅　李媛　程真真　鄢梦　申东伟)

第六章
菁菁音乐：跳动的音符陪伴多彩童年

音乐，是一种快乐，是一种享受。音乐，像是美丽的蝴蝶在花丛翩翩起舞，像是叮咚的泉水在山间淙淙流淌，那些跳动的音符宛如一些活泼轻盈的精灵，将一串串欢乐洒落在儿童的心窝里。"菁菁音乐"如一把金钥匙打开儿童的智慧之门，如一缕灿烂阳光照亮儿童的心扉，如一泓潺潺溪流洗涤儿童的心灵，让儿童在音乐的世界中快乐成长，让儿童插上音乐的翅膀飞向更广阔的远方。

郑州市管城回族区创新街小学音乐组，现有专职教师 9 人，其中中小学一级教师 4 人，中小学二级教师 2 人，新入职教师 3 人。郑州市管城回族区创新街小学全体音乐教师充分发挥团队合作的力量，严谨治学、积极教研、团结向上。为了使学校音乐课程建设更加合理有效，学校依据教育部《关于全面深化课程改革落实立德树人根本任务的意见》《义务教育艺术课程标准（2022 年版）》等文件精神，推进学校音乐学科课程群建设，实现了"以美育人、以美化人、以美润心、以美培元"的课程目标。

第一节　让生命因音乐而精彩

《义务教育艺术课程标准（2022 年版）》指出："以音乐审美为核心，以兴趣爱好为动力，强调音乐实践，鼓励音乐创造，突出音乐特点，关注学科综合，弘扬民族音乐，理解音乐文化多样性，面向全体学生，注重个性发展。"①小学音乐课程的开设，主要是为了提高学生的艺术综合素养，培养学生良好的审美情趣和积极的生活态度，促进身心健康的发展。基于《义务教育艺术课程标准（2022 年版）》，我校音乐教师团队深入研读音乐课程标准，钻研教材，讨论教法，确立了音乐学科课程哲学。

一、学科性质和价值观

音乐核心素养的养成是其他学科所不能替代的。《义务教育艺术课程标准（2022 年版）》指出："以美育人、以美化人、以美润心、以美培元，引领学生在健康向上的审美实践中感知、体验与理解艺术，逐步提高感受美、欣赏美、表现美、创造美的能力，抵制低俗、庸俗、媚俗倾向；引导学生树立正确的历史观、民族观、国家观、文化观，增强爱党、爱国、爱社会主义的情感，坚定文化自信，提升人文素养，树立人类命运共同体意识，为实现中华民族伟大复兴而不懈奋斗。"②音乐课程是人文学科的一个重要领域，蔡元培先生曾指出，舞蹈、唱歌、手工都是美育的专课，因此，音乐课是实施美育的主要途径之一，是基础教育阶段的一门必修课，在基础教育阶段占据不可替代的作用，其价值不容忽视。

---

① 中华人民共和国教育部. 义务教育艺术课程标准（2022 年版）[S]. 北京：北京师范大学出版社，2022：3.
② 中华人民共和国教育部. 义务教育艺术课程标准（2022 年版）[S]. 北京：北京师范大学出版社，2022：3.

二、学科课程理念

基于音乐课程的人文性、审美性和实践性，我们提出了"菁菁音乐"的学科课程理念。《诗经·小雅·菁菁者莪序》云："菁菁者莪，乐育材也，君子能长育人材，则天下喜乐之矣。"[①]"菁莪"后指育材。"菁菁音乐"课程用音乐开启学生智慧，培养学生高雅的艺术情操，装扮学生多彩的童年，在音乐艺术的熏陶下快乐成长，为成为社会精英人才奠定基础，让生命因音乐而精彩。

（一）重视双基，提升音乐素养

"菁菁音乐"注重音乐知识、技能的学习，重视发展儿童审美能力和艺术表达能力。学习过程中，教师引导儿童从多角度感悟音乐，加强对音乐的情感体验；引导儿童学会欣赏美、创造美，从而提高儿童的音乐综合素养。

（二）注重实践，鼓励音乐创造

"菁菁音乐"课程根据本校儿童特点，积极引导儿童主动参与演唱、演奏、聆听、综合艺术表演和即兴创编等各项音乐活动；通过多元化的音乐实践活动丰富儿童的形象思维，发展儿童的想象力，开发儿童的创造潜质，从而启迪儿童的智慧。

（三）加强整合，拓展艺术视野

音乐是听觉的艺术，儿童通过听觉活动感受和体验音乐。"菁菁音乐"课程根据音乐的这些特点，将诗歌、舞蹈、戏剧、影视、美术等不同艺术门类进行融合，并与艺术之外的其他学科加强联系，通过具体的艺术材料和艺术实践，对不同艺术门类表现形式进行比较，拓展儿童的艺术视野，深化儿童对艺术的理解。

（四）鼓励传承，注重文化发扬

"菁菁音乐"将我国优秀的传统音乐作为音乐教学的重要内容，使学生熟悉并热爱祖国的音乐文化，增强民族意识，培养爱国主义情操。在对传统民族音乐进行学习的过程中，传承中华优秀传统文化。

（五）关注差异，促进个性发展

由于儿童的歌唱水平和能力不尽相同，教师针对不同层次的儿童，遵循从简到繁、从易到难的教育教学原则，分层实施教学，促进儿童个性发展。通过学习，

---

① 葛培岭. 国学经典·诗经[M]. 郑州：中州古籍出版社，2010：185.

每个儿童都能不同程度地提升音乐感知能力和审美能力,想象思维能力及理解表现能力也能得到发展。

　　在音乐艺术的熏陶和跳动音符的陪伴下,一个个"菁菁少年"拥有着丰富多彩的童年。

第二节　用音乐成就"菁菁少年"

　　根据我校音乐学科的性质和特点,结合学生身心发展特点,以音乐成就"菁菁少年"为目的,确定学科总体目标和年段目标,并依据该目标实施课程。

一、学科课程总体目标

　　《义务教育艺术课程标准(2022 年版)》中明确指出音乐课程的总目标是:"感知、发现、体验和欣赏艺术美、自然美、生活美、社会美,提升审美感知能力。丰富想象力,运用媒介、技术和独特的艺术语言进行表达与交流,运用形象思维创作情景生动、意蕴健康的艺术作品,提高艺术表现能力。发展创新思维,积极参与创作、表演、展示、制作等艺术实践活动,学会发现并解决问题,提升创意实践能力。传承和弘扬中华优秀传统文化、革命文化、社会主义先进文化,坚定文化自信,铸牢中华民族共同体意识。学会尊重、理解和包容。"[①]

(一)知识与技能

　　音乐知识与技能的学习包括音乐基础知识、音乐基本技能、音乐历史与相关文化知识三方面的内容。

　　音乐基础知识要求掌握音乐的基本要素,如力度、速度、音色、节奏节拍、旋律、调式、和声等,常见的结构、体裁、风格流派和演唱、演奏、识谱、创编等基础知识。音乐基本技能包括演唱、演奏、创作,在音乐听觉感知中识谱,在音乐实践活动中运用乐谱的能力,了解中外音乐发展的简要历史与代表性的音乐家,初步识别不同时代、不同民族的音乐,认识音乐与姊妹艺术的联系,感知不同艺术门类的主要表现手段和艺术形式特征。

(二)过程与方法

　　音乐学习的过程为:体验、模仿、探究、合作、综合。学生完整而充分地聆听音

---

① 中华人民共和国教育部. 义务教育艺术课程标准(2022 年版)[S]. 北京:北京师范大学出版社,2022:7.

乐作品,体验与理解音乐的感性特征与精神内涵,通过亲身参与演唱、演奏、编创等艺术实践活动,适当运用观察、比较和练习等方法进行模仿,积累感性经验,培养学生对音乐的好奇心和探究愿望,让学生重视自主学习的探究过程,在音乐艺术的实践中能与他人交流合作,不断增强集体意识和协调能力,通过以音乐为主线的艺术实践,渗透与运用其他艺术表现形式和相关学科知识,更好地理解音乐的意义及其在人类艺术活动中的特殊表现形式和独特的价值。

（三）情感·态度·价值观

丰富学生情感体验,培养学生的积极乐观态度;培养音乐兴趣,树立终身学习的愿望;提高音乐审美能力,陶冶高尚的情操;培养爱国主义情感,增强集体主义精神;尊重艺术,理解世界文化的多样性。

二、学科课程具体目标

"在各艺术学科的学习中,学生观察自然、了解社会、感悟人生,探究、体验、领会艺术的魅力,积极、主动参与艺术活动,用有组织、有意义的音乐语言表达思想,用视觉媒介和技术创造形象,用舞蹈语言抒发情感,通过扮演戏剧角色品味丰富的人生,运用现代媒介和数字媒体技术再现与表现世界,在艺术的世界中求真、崇善、尚美。"①依据如上学科课程学段目标,根据教材和教参,结合学校各年级实际情况,我们制定了六个年级的课程目标。这里,我们以六年级为例来说明(见表6-1)。

表6-1 "菁菁音乐"六年级课程目标表

	上　学　期	下　学　期
六年级	第一单元 1. 聆听演唱多首以"茉莉花"为首的音乐作品,搜集"茉莉花"相关的资料,进一步了解我国的音乐文化和丰富多彩的民歌。 2. 选取三首不同区域的民歌,聆听了解这种差异与地域、语言等不同的音乐文化感情。	第一单元 1. 用歌声吟诵出"古风新韵",把经典嵌在脑子里。 2. 选唱一些诗词歌曲,进行动作创编,吟诵诗词体会意境。 3. 用独唱、齐唱、混声合唱进行对比聆听,再次体会诗词意境和演唱形式的魅力。

---

① 尹爱青.学校音乐教学导论[M].北京:人民教育出版社,2015:53.

上 学 期	下 学 期
3. 用一两句话说出它们在风格上的不同,提高音乐文化素养。 4. 选择一首自己喜欢的方式进行表演唱,唤醒民族热情。	
第二单元 1. 分组进行舞蹈动作创编,增强合作意识。 2. 欣赏管弦乐《小河淌水》,认识民歌素材,加深对民族音乐文化的认识和理解。 3. 通过乐曲欣赏,在听到短笛演奏的声音时,用口哨随音乐吹奏。 4. 聆听三个《小河淌水》独唱版、管弦乐版、钢琴版,体会各种版本所表现的意境。	第二单元 1. 聆听乐曲,认识民族乐器并辨认乐器音色,增强音乐知识及音乐素养。 2. 用不同形式多次聆听《阿细跳月》《火把节》,在聆听中了解云南少数民族的相关文化和风土人情。 3. 用圆润连贯的声音演唱歌曲《转圆圈》《我抱着月光,月光抱着我》,唱出彝族儿童嬉戏情景和欢乐情绪。
第三单元 1. 通过聆听美丽童话,唱出童年乐趣,培养积极的生活态度和良好的审美情趣。 2. 在欣赏乐曲同时,了解认识更多的西洋乐器及乐器的音色,开阔视野。 3. 聆听了解音乐体裁交响诗《魔法师的弟子》、管弦乐《波斯市场》,拓展音乐视野。 4. 学习演唱《月亮姐姐快下来》《木偶兵进行曲》,激发歌唱激情。	第三单元 1. 用音画结合这一综合艺术形式,体会音乐在影视中的作用。 2. 在聆听演唱的同时说说最感动的一段乐曲及歌曲。 3. 多次聆听歌曲里的节奏跳跃、旋律舒畅,进一步体会影视中主人公自信开朗的性格。 4. 用圆润好听的声音学习《滑雪歌》《两颗小星星》,采用多种演唱形式唱出歌曲最感人的部分。
第四单元 1. 在"京剧行当"学习中,了解中国戏曲知识。 2. 听一听,唱一唱"京腔京韵""名家名段",激发对戏曲的热爱。 3. 复习京剧四大行当生、旦、净、丑,进一步掌握戏曲知识及戏曲动作。 4. 听到乐曲唱腔行当出现时,"演一演""唱一唱",体验戏曲的魅力。	第四单元 1. 用歌声唱出新时代的文明友爱与美好未来的祝愿,增强积极乐观的学习生活态度。 2. 在演唱歌曲上设计演唱分工,再次体验歌曲意境。 3. 把握声音和谐,感受文明友爱之风。 4. 为《拍手拍手》创编歌词并唱一唱,体会快乐合作意识。

上 学 期	下 学 期
第五单元 1. 设计不同的演唱形式，增强爱国情怀。 2. 聆听乐曲《黄河颂》《五彩缤纷的大地》主题旋律，音画结合体会乐曲壮阔而深切的激情。 3. 学习歌曲《今天是你的生日》，从音乐情绪及歌词内容来激发学习的兴趣。	第五单元 1. 用温暖有爱的声音唱出积极向上、充满阳光的生活态度。 2. 用不同的音色、速度、力度表现歌曲的意境。 3. 用连贯、圆润的声音唱出与榕树爷爷对话的意境。 4. 多次聆听《一把雨伞圆溜溜》，把复杂的节奏加深印象，为唱准歌曲，唱好歌曲做铺垫。
第六单元 1. 根据提供节奏创编旋律，充分体验合作意识及不同节奏带来的快乐。 2. 用故事讲述半屏山的传说，用歌声演绎大自然鬼斧神工的美丽传说，感受台湾岛上优美的风光。 3. 用歌声深情唱出两岸一家亲的情怀，感受台湾同胞急切回归祖国怀抱的心声。	第六单元 1. 围绕"神奇的印象"，结合生活体验，发挥想象和联想，增强审美能力。 2. 自制打击乐器和弹拨乐器增加歌曲的趣味性。 3. 多次聆听管弦乐《瀑布》《海德微格主题》，进一步体验乐曲营造的氛围。 4. 学习多次聆听《火车来了》《飞天曲》用齐唱体会中华儿女的豪情壮志。
第七单元 1. 用欢快声音唱出新一代少年儿童的生机，让音乐作品带来热情与欢乐。 2. 用圆润声音唱出活泼、热情、积极乐观的情绪。 3. 选择合适的打击乐器为歌曲伴奏，来表现歌曲的意境。	第七单元 1. 用歌声激起难忘的六年小学生活，结识新朋友，不忘老朋友。 2. 认识、了解音乐家贝多芬，增加音乐知识。 3. 通过"放飞梦想"，体会在小学阶段中建立的友情，同时建立心中的梦想。 4. 体会歌词表现出的友情的真挚与珍贵。

　　学生通过音乐课程的学习，参与丰富多样的艺术实践活动，探究、发现、领略音乐的艺术魅力，从而激发对音乐的持久兴趣，涵养美感，和谐身心，陶冶情操，健全人格。学生在音乐课程中学习并掌握必要的音乐基础知识和基本技能，拓展文化视野，发展音乐听觉与欣赏能力、表现能力和创造能力，形成基本的音乐素养。同时音乐课程能使学生丰富情感体验，培养学生良好的审美情趣和积极乐观的生活态度，促进学生身心的健康发展，用音乐成就"菁菁少年"。

第三节 构建多彩音乐世界

基于"菁菁音乐"的学科课程理念,我们将课程任务主要分为基础型课程、拓展型课程。基础型课程旨在培养学生终身热爱音乐的审美需求,拓展型课程在于满足学生个性化的学习需求,培养学生的兴趣爱好,开发学生的潜能,促进学校办学特色的形成。通过构建全方位的课程体系,形成多彩的音乐世界。

一、学科课程结构

《义务教育艺术课程标准(2022年版)》把课程分为"欣赏""表演""创造""联系、融合"四个领域。① 依据四个领域内容,"菁菁音乐"课程分为"菁菁欣赏""菁菁表现""菁菁创造"和"菁菁传承"等四个板块(见图6-1)。

图6-1 "菁菁音乐"课程结构图

---

① 中华人民共和国教育部. 义务教育艺术课程标准(2022年版)[S]. 北京:北京师范大学出版社,2022:15.

在图 6-1 中,各板块课程如下。

（一）菁菁欣赏

"菁菁欣赏"对应感受与欣赏,培养良好的感受能力和欣赏能力,凸显美感。课标要求学生感受音乐要素,体验不同的音乐情绪,能够自然流露相应的表情,聆听辨别音乐形象,并能够对音乐作出相应的反应。学校开设的课程包括启智音乐、走进音乐家、音乐大师课、快乐猜猜猜、音乐知识大闯关等。感受与欣赏是音乐学习的重要领域,是整个音乐学习活动的基础,也是培养学生音乐审美能力的有效途径。

（二）菁菁表现

"菁菁表现"对应表现,凸显乐感。该板块主要由演唱、演奏、综合性艺术表演、识读乐谱等几方面组成。学生通过课程的学习,从而使歌曲演唱更加精确,能够用正确的姿势、自然的声音,有表情地独唱或参与齐唱。开设的课程包括小小演奏家、明星小舞台、有趣的音符、节奏对对碰等课程,培养学生自信演唱、演奏的能力,综合表演能力,以及在发展音乐听觉基础上的读谱能力,通过音乐实践能够用音乐的形式表达个人的情感,并与他人沟通、融洽感情。

（三）菁菁创造

"菁菁创造"对应创造,凸显智感。包括探索音响与音乐、即兴编创、创作实践。音乐学习中对音乐要素即节奏、速度、力度熟悉掌握之后,能够进行节奏创编、歌词创编,旋律创编、动作创编,或聆听音乐时进行即兴动作创编;也可在对欣赏中的音乐熟悉之后,运用课堂乐器或者其他声音材料,音乐故事和音乐游戏进行语言、动作的即兴创编。开设的课程包括小小作曲家、有趣的创编、创作展示、叮当打击乐等。通过创造发挥学生的想象力和思维能力,开发学生音乐学习的智慧。

（四）菁菁传承

"菁菁传承"对应音乐与相关文化,凸显传承。其中包括音乐与社会生活、音乐与姊妹艺术、音乐与艺术之外的其他学科。开设的课程包括丝竹弦乐,金色童年合唱、精灵舞蹈、鼓乐声声、蒲公英管乐等。通过综合性艺术表演,传承音乐艺术,加强了学生参与综合性艺术表演的主动性,扩大学生音乐文化视野,促进学生对音乐的体验和感受,提高学生音乐欣赏、表现、审美以及创造的能力。

二、学科课程设置

现根据《义务教育艺术课程标准(2022年版)》标准,结合我校校本课程设置特点,制定出"菁菁音乐"课程设置(见表6-2)。

表6-2 "菁菁音乐"课程设置表

年级	学期	菁菁欣赏	菁菁表现	菁菁创造	菁菁传承
一年级	上学期	启智音乐	明星小舞台	小小作曲家	金色童年合唱
	下学期	音乐大师课	有趣的音符	有趣的创编	金色童年合唱
二年级	上学期	音乐知识大闯关	演奏小能手	我们来表演	精灵舞蹈
	下学期	快乐猜猜猜	有趣的音符	小小作曲家	精灵舞蹈
三年级	上学期	走进音乐家	明星小舞台	有趣的创编	鼓乐声声
	下学期	音乐故事	小小演奏家	我们来表演	鼓乐声声
四年级	上学期	走进音乐家	明星小舞台	有趣的创编	丝竹弦音
	下学期	音乐大师课	小小演奏家	创作展示	丝竹弦音
五年级	上学期	启智音乐	明星小舞台	叮当打击乐	金色童年合唱
	下学期	音乐大师课	节奏对对碰	创作展示	金色童年合唱
六年级	上学期	走进音乐家	明星小舞台	有趣的创编	蒲公英管乐
	下学期	音乐大师课	节奏对对碰	创作展示	蒲公英管乐

三、学科课程内容

《义务教育艺术课程标准(2022年版)》指出:"义务教育艺术课程包括音乐、美术、舞蹈、戏剧(含戏曲)、影视(含数字媒体艺术)>5个学科,以艺术实践为基础,以学习任务为抓手,有机整合学习内容,构建一体化的内容体系.艺术实践包括欣赏(欣赏·评述)、表现(造型·表现)、创造(设计·应用)和联系/融合(综合·探索),是学生学习艺术、提升艺术素养必须经历的活动和过程。学习内容是学生在艺术实践中需要掌握并有效运用的基础知识和基本技能。学习任务是艺术实践的具体化,是学生在现实生活或特定情境中综合运用所学知识、技能等完成的项目、解决的问题等。"①依据课程结构和课程设置的要求,结合我校学生年龄特征、

---

① 中华人民共和国教育部. 义务教育艺术课程标准(2022年版)[S]. 北京:北京师范大学出版社,2022:14.

学习基础、学习经验等,制定了"菁菁音乐"各年级具体课程内容(见表6-3)。

表6-3 "菁菁音乐"课程内容设置表

年级	学期	课程名称	学习目标	学习要点
一年级	第一学期	启智音乐	1. 通过欣赏乐曲,感受情绪、速度、力度、音色的变化。 2. 通过聆听音乐,体会抒情、安静、祥和的气氛。 3. 通过聆听乐曲,能够真诚待人,用真心去温暖别人。	1. 欣赏《口哨与小狗》。 2. 欣赏《玩具兵进行曲》。
		明星小舞台	1. 通过欣赏音乐,结合歌曲的学习,适时进行舞台训练。 2. 通过学习,形成优美的站姿。	1. 演唱《同一首歌》。 2. 表演歌曲。(在舞台上完整地呈现歌曲)
		小小作曲家	1. 根据生活中的情景,用简单的音符和节奏谱曲,了解生活中处处离不开音乐。 2. 利用音乐数轴描画旋律写出简单的乐句。	1. 填音符,唱一唱。(在固定的节奏卡上,填上音符,并唱一唱) 2. 我会画。(利用音符数轴,画旋律线,标出音符旋律)
		金色童年合唱	1. 通过合唱的排练,进行站姿、坐姿训练。 2. 通过合唱的基础训练,了解合唱团声部配置。	1. 旋律训练。(结合《找朋友》进行二声部旋律训练) 2. 轮唱训练。
	第二学期	音乐大师课	1. 通过聆听音乐,感受思乡之情。 2. 通过打破歌曲原有的表演,串进《好汉歌》的旋律,增加学习的趣味性。	1. 欣赏思乡乐曲。(结合所学的诗歌《静夜思》) 2. 对比不同速度的三首歌曲。
		有趣的音符	1. 在歌曲中感受各种音符的时值。 2. 能够用不同的音符组合成不同的节奏。	1. 体会音符的时值。(在走和跑的活动中) 2. 体会音乐形象。(不同音符所表示的不同音乐形象)
		有趣的创编	1. 能够用自己喜欢的方式对歌词进行改编。 2. 将自己感兴趣的内容改编歌词,开发想象力。	1. 演唱歌曲《劳动最光荣》。 2. 根据改编内容设计歌曲动作。 3. 分组进行表演。
		金色童年合唱	1. 进行合唱团的站姿、坐姿训练,提高专注力。 2. 通过进行合唱团各声部之间的协调训练,增强合作意识。	1. 二声部训练《粉刷匠》《两只老虎》《找朋友》。 2. 轮唱训练。

年级	学期	课程名称	学习目标	学习要点
二年级	第一学期	音乐知识大闯关	1. 通过分组比赛的方式,听乐曲辨别乐曲名字。 2. 通过多次聆听钢琴弹奏的音名,掌握二度音程关系。	1. 我来唱,你来猜。(学习二度音程关系) 2. 我来弹奏,你来唱。(钢琴弹奏,演唱音名)
		演奏小能手	1. 了解口琴的结构及口琴的音色。 2. 掌握口琴的吹奏方法。 3. 通过简单的学习,掌握口琴音区的位置,简单地吹奏歌曲《小星星》。	1. 小小乐器我来认。(学习口琴的基本知识以及吹奏方法) 2. 我是小小演奏家。(吹奏《小星星》) 3. 我表演我最棒。(口琴展示)
		我们来表演	1. 学习表演基本动作,练习形体。 2. 根据歌曲内容,跟歌曲节奏练习走台。 3. 以小组的形式展示汇报,形成合作意识,锻炼自信心。	1. 创编表演动作。(根据歌曲内容) 2. 表演歌曲《春天进行音乐会》。
		精灵舞蹈	1. 学习简单的傣族舞蹈基本步法与手势。 2. 根据节拍学习《孔雀飞来》简单的舞蹈动作。 3. 以小组的形式展示汇报《孔雀飞来》,激发热爱舞蹈之情。	1. 小孔雀我来了。(学习傣族舞蹈基本舞步) 2. 会跳舞的小孔雀。(学习舞蹈《孔雀飞来》) 3. 我最美。(展示汇报表演)
	第二学期	快乐猜猜猜	1. 复习学过歌曲,快速说出歌曲名称。 2. 结合游戏的方式,请同学们猜歌名。 3. 复习每课的音乐知识,加深音乐素养的积累。	1. 听歌曲,猜歌名。 2. 做游戏,猜歌名。 3. 复习音乐知识。
		有趣的音符	1. 了解音乐的基本音阶,随钢琴唱一唱,掌握音准。 2. 运用游戏的方式进行数字与音名的学习。 3. 学习简单的歌曲《可爱的小鸟》,唱音谱。	1. 音符小知识。(了解音乐要素,唱名) 2. 我来认一认。(以游戏的方式学习音符数字) 3. 好听的旋律。(识读乐谱《可爱的小鸟》)

年级	学期	课程名称	学习目标	学习要点
三年级	第一学期	小小作曲家	1. 通过音乐课堂拓展创编,巩固音符常识,激发音乐写作的兴趣。 2. 通过感受旋律美、歌词美,提高乐句写作能力及创编能力。	1. 节奏编写。 2. 乐句创作。（利用音符、休止符）
		精灵舞蹈	1. 通过聆听感受音乐,体会舞蹈动作在生活中的意义,感受音乐,体验音乐。 2. 在舞蹈中体会时间的可贵,学会珍惜时间,在有限的时间里,做更多有意义的事情。	1. 地面基本功练习。 2. 把杆练习。 3. 踢腿练习。 4. 舞蹈组合。 5. 小孔雀我来了。（傣族舞蹈） 6. 会跳舞的小孔雀。
		走进音乐家	1. 通过聆听钢琴曲《捉迷藏》,感受作曲家丁善德所表现的思想,进而了解作曲家的生平故事。 2. 在聆听作曲家丁善德的音乐故事中,感受音乐家不同时期的作品赋予不同的情绪,听辨不同风格的作品。 3. 演唱歌曲,感受我国各地极富特色的音乐文化。	1. 聆听钢琴曲《捉迷藏》。 2. 演唱歌曲。
		明星小舞台	1. 围绕妈妈主题,体会不同时期对妈妈的爱。 2. 学习歌曲,掌握歌曲中的四分音符,以游戏的方式进行节奏练习。 3. 通过歌曲的学习,感受摇篮曲的安静。	1. 表演歌曲《妈妈的心》。 2. 表演歌曲《唱给妈妈的摇篮曲》。
		有趣的创编	1. 通过游戏的方式,学习节奏并创编,初步建立节奏、音程之间的关系。 2. 给已经学会的歌曲改编歌词,多次聆听演唱,聆听修改,为创编旋律打基础。	1. 创编节奏。 2. 改变歌词。
		鼓乐声声	1. 学习非洲鼓的构造,为学习演奏非洲鼓打下基础。 2. 通过爱曼丁文化了解关于非洲鼓的音乐,了解不同国家风情。	1. 了解非洲鼓。 2. 了解击打方法。 3. 了解击打节奏。

年级	学期	课程名称	学习目标	学习要点
四年级	第二学期	音乐故事	1. 聆听现代京剧《红灯记》，了解穷人家的孩子早当家的京剧片段故事。 2. 以讲故事的方式，介绍国粹京剧。	1. 欣赏《红灯记》。 2. 了解京剧"西皮原板"板式。
		小小演奏家	1. 通过聆听《春到沂河》，了解柳琴的音色及外形。 2. 聆听乐曲《赛马》，了解二胡的外形及音色特点。 3. 聆听《苗岭的早晨》，记住口笛的音色。 4. 通过了解系列民族乐器，激发对民族乐器、民族音乐的热爱。	1. 欣赏柳琴演奏《春到沂河》。 2. 欣赏二胡演奏《赛马》。 3. 欣赏口笛演奏《苗岭的早晨》。
		我们来表演	1. 练习形体及基本的台步。 2. 根据歌曲内容，设计相应的表演动作进行练习。 3. 个人展示汇报，树立自信心。	1. 创编表演动作。（根据歌曲内容） 2. 表演歌曲《小鸟，小鸟》。
		鼓乐声声	1. 学习非洲鼓的拍击方法。 2. 了解爱曼丁文化，学习非洲鼓的演奏。	1. 学习非洲鼓拍击的基本节奏型。 2. 学习非洲鼓拍击方法。 3. 我来伴奏。（利用非洲鼓）
四年级	第一学期	走进音乐家	1. 通过聆听歌曲和乐曲，了解作曲家聂耳。 2. 在歌曲和乐曲欣赏中了解歌的创作背景，激发爱国主义之情。	1. 走进作曲家聂耳。 2. 了解国歌背后的故事。
		明星小舞台	1. 通过学习歌曲，能够完整地有感情地演唱歌曲，进一步养成良好的唱歌习惯。 2. 通过打击乐为歌曲伴奏等方式，体验歌曲不同拍子的韵律。	1. 表演歌曲《采一束鲜花》。 2. 演唱歌曲《中华人民共和国国歌》。
		有趣的创编	1. 以审美为中心，通过课堂拓展创编，激发学习音乐的兴趣及对音乐的热爱。 2. 通过创编，感受旋律美、歌词美，提高审美能力及创造能力。	1. 自制简易乐器。 2. 表现自然界或生活中的声音。（运用人声、简谱、歌谱及其他音源材料） 3. 即兴创编音乐故事、音乐游戏并参与表演。

年级	学期	课程名称	学习目标	学习要点
		丝竹弦音	1. 学习稍复杂的琵琶指法,锻炼手与脑的配合能力及协调能力。 2. 通过聆听和学习琵琶乐曲,加深对中国传统文化的认识,提高文化修养,感悟中华民族文化的精髓。	1. 唱谱。(需在瞬间判断出所认读音符的音高,同时判断出应在哪根弦、用什么指法弹奏出来) 2. 学习稍复杂的琵琶弹奏指法。
	第二学期	音乐大师课	1. 通过欣赏《音乐大师课》,开阔视野,激发学习音乐的积极性,提高文化素养。 2. 通过聆听音乐大师课的音乐作品,感受音乐,体验音乐,加强对音乐的了解。 3. 懂得时间的可贵,珍惜时间。	1. 欣赏。(通过音画多媒体) 2. 分组进行唱一唱、演一演、说一说。
		小小演奏家	1. 通过学习竖笛基本技法,能够独立演奏。 2. 通过学习竖笛,提高乐理知识及掌握吹奏方法。	1. 正确掌握竖笛姿势。 2. 掌握标准的呼吸方法。 3. 分组吹、集体吹。
		创作展示	1. 通过不同的演唱形式,提高演唱能力、合作能力,增强爱国主义情怀。 2. 通过歌曲演唱,体会师生与朋友之间的情谊,学会珍惜友谊。	1. 演唱歌曲《大家来唱》。(齐唱、轮唱、独唱、二声部合唱) 2. 模仿并运用流行、民族、美声唱法体验,进行总结。
		丝竹弦音	1. 锻炼手与脑的配合,借助琵琶练习手指与脑部的配合,提高协调能力。 2. 学习优秀中国传统文化,聆听和学习经典乐,感悟中华民族文化的精髓,提高文化修养。	1. 练习手指的控制能力。 2. 简谱演唱。 3. 音准、拨弦练习。
五年级	第一学期	启智音乐	1. 通过欣赏管弦音乐《晨景》掌握歌曲中出现的力度记号和节拍,感受极为淳朴、具有牧歌风格的音乐。 2. 通过欣赏国内外两首歌曲,感受中外音乐歌曲的风格。	1. 欣赏管弦音乐《晨景》。 2. 欣赏中外歌曲。

年级	学期	课程名称	学习目标	学习要点
		明星小舞台	1. 演唱歌曲《唱支山歌给党听》，感受革命歌曲留下的历史足迹，在革命歌曲中牢记革命传统。 2. 在歌唱实践中掌握装饰音知识与唱法，提高在舞台上的表现力，以及对舞台感觉的把控。	1. 练习登台演唱。 2. 练习舞台技巧。
		叮当打击乐	1. 运用不同的方法体验不同的打击乐器敲击的声音，激发对节奏乐的兴趣。 2. 用自制的打击乐器为音乐伴奏。	1. 我来伴奏。（运用不同的鼓类为歌曲《乡间的小路》伴奏） 2. 有趣的碰钟。
		金色童年合唱	1. 通过不同的呼吸方法来进行发声练习，在演唱中进行情感教育。 2. 提高演唱能力以及音乐的情感审美。	1. 发声技巧练习。 2. 合唱作品处理。
	第二学期	音乐大师课	1. 观看《音乐大师课》中音乐家在音乐成长之路上的故事，形成克服困难的毅力。 2. 学习大师课中优秀作品，提高音乐鉴赏能力。	1. 欣赏《夜空中最亮的星》。 2. 了解音乐家的故事。
		节奏对对碰	1. 通过对节奏节拍的学习，了解节奏在音乐中的重要性。 2. 自制节奏卡，让不同的节奏型碰撞在一起，并聆听和演唱组合在一起的节奏，感受节奏带来的快乐。	1. 节奏扑克牌。（朗读节奏） 2. 拍打自由组合的节奏。 3. 分组比赛。
		创作展示	1. 欣赏《春雨蒙蒙地下》，感受音乐创造的情绪、人物形象。 2. 在歌曲《春雨蒙蒙地下》基础上进行二声部创编，增强与同学之间的配合，提高团队协作能力。	1. 欣赏《春雨蒙蒙地下》。 2. 创编《春雨蒙蒙地下》。
		金色童年合唱	1. 通过不同的发声练习来规范声音，提高演唱水平和技巧。 2. 增强合唱配合意识。	1. 发声练习。 2. 练习声音的融合度。

年级	学期	课程名称	学习目标	学习要点
六年级	第一学期	走进音乐家	1. 认识河南著名胡坠演奏家马光陆,了解河南民族乐器演奏家的学习成长之路。 2. 通过欣赏《豫西风情》了解音乐的速度、力度、音乐感知力等,提高音乐想象力,从而了解演奏家所表达出的思想。 3. 了解所学乐器名称、外形、特点、演奏姿势及乐器的音色。	1. 音乐家背后的故事。 2. 聆听《豫西风情》。 3. 认识乐器。
		明星小舞台	1. 通过学习歌曲,会用正确的口型、呼吸和连音、断音的演唱方法,提高二声部演唱时声音和谐度、均衡度。 2. 能够完整地有感情地演唱歌曲,激发爱国之情。	演唱歌曲《榕树爷爷》。
		有趣的创编	1. 以审美为中心,通过课堂拓展创编,激发学习音乐的兴趣及热情。 2. 通过创作儿童歌曲的系统学习与实践,掌握最为基础的创作技巧。 3. 通过创编,感受旋律美、歌词美,提高审美能力及创造能力。	1. 自制简易乐器。 2. 创编儿童歌曲。
		蒲公英管乐	1. 通过学习乐器基本演奏技法,正确掌握吹奏姿势、口含法和运含法,能够独立演奏。 2. 通过学习管类乐器,提高器乐吹奏能力。	1. 学习演奏技巧。 2. 练习曲目。
	第二学期	音乐大师课	1. 通过欣赏《音乐大师课》,开阔视野,激发学习音乐的积极性,提高文化素养。 2. 通过音乐家背后的故事,知道经过一定的努力,可以实现自己的追求。	1. 欣赏乐曲。（通过音画多媒体） 2. 了解音乐家。
		节奏对对碰	1. 通过基本节奏、节拍的学习,练习节奏的击拍方式。 2. 自制节奏型卡片,开火车练习不同的节奏型,并用不同节拍方式练习节奏,提高节奏感。	1. 节奏扑克牌。 2. 节奏变变变。 3. 分组比赛。

年级	学期	课程名称	学习目标	学习要点
		创作展示	1. 用温暖有爱的声音表达出积极向上,充满阳光的生活态度。 2. 设计不同的演唱形式,增强爱国情怀。 3. 通过歌曲演唱,体会师生与朋友之间的情谊,学会珍惜友谊。	1. 表演歌曲。(齐唱、轮唱、独唱、二声部合唱) 2. 模仿练习。(用流行、民族、美声唱法体验)
		蒲公英管乐	1. 通过正确演奏乐曲,学习乐器演奏基本技法,能够合奏乐曲。 2. 通过学习乐理知识,加强对乐曲的理解,提高音乐素养。	1. 乐曲演奏练习。 2. 乐理知识学习。 3. 合奏乐曲。

　　"菁菁音乐"基于学科理念,根据学科结构,辅以不同形式的音乐学科内容,激发学生的学习热情,引导学生参与了丰富多样的艺术实践活动。学生的感受和欣赏能力有所提高,审美能力得到相应的提升,通过演唱、演奏、综合性艺术表演、识读乐谱等几方面的训练,能够用音乐的形式表达个人的情感,与他人沟通、融洽感情的能力也得到了相应的改善。学生发挥着丰富的想象力,启发了音乐智慧,扩大了音乐文化视野,从而使音乐欣赏、表现、审美以及音乐创造能力得到了不同程度的提升。

第四节　让音乐与儿童时时相伴

《义务教育艺术课程标准(2022年版)》中指出:"调动听觉、动觉、视觉、触觉等,引导学生多感官地体验音乐,让学生在玩中学、动中学、乐中学,激发他们学习音乐的兴趣。重视在音乐游戏和活动体验中渗透音乐基础知识、基本技能的教学,包括演唱和演奏的基本姿势、方法、音准、节奏等,让学生在唱游中学会听辨旋律、节奏、节拍、力度、速度等音乐基本要素。"①"菁菁音乐"课程充分发挥音乐学科这一特有的艺术魅力,在不同的教学阶段,根据学生身心发展规律和审美心理特征,以丰富多彩的教学内容和生动活泼的教学形式,激发和培养学生的学习兴趣,感受音乐,用音乐美化人生,开启学生智慧,装扮学生多彩的童年。在学习评价过程中,通过不同形式、不同主体的评价,多方位提高学生的音乐素养,培养学生高雅的艺术情操。"菁菁音乐"课程在遵守《义务教育艺术课程标准(2022年版)》基础上,结合"菁菁音乐"课程理念、学科性质、课程目标等多方面要求,从"菁菁课堂""菁菁课程""菁菁训练""菁菁社团""菁菁节日"等五个方面进行实施,让音乐与儿童时时相伴。

一、打造"菁菁课堂",彰显音乐魅力

"菁菁课堂"教学实践利用兴趣激发学生学习热情,用音乐抒发情感。在"菁菁课堂"实施的过程中,"唱""演""奏""跳"技能学习的加入,既让学生通过表演更加细腻地表现音乐,也充分发挥了"菁菁音乐"课堂的魅力。

(一)"菁菁课堂"的基本要素

在"菁菁课堂"学习中,音乐技能的培养是音乐表现能力的重要途径,也能有效地培养学生的创造能力,切实让学生享受到美的愉悦,享受到情感的陶冶。"菁

---

① 中华人民共和国教育部. 义务教育艺术课程标准(2022年版)[S].北京:北京师范大学出版社,2022:17.

菁课堂"的基本要素有：活力无限的学生、和蔼可亲，素质全面的老师、良好的课堂教学氛围、科学合理的教学内容、恰当的教学模式和教学方法，以及学习完成之后家校之间的反馈。

适宜的教学模式。在"菁菁音乐"课程的实施过程中，适宜的教学模式是学生有效学习的重要因素之一，为了直面学生在音乐学习中遇到的技术问题，辅导学生攻克音乐学习中的难点，并使之不断巩固、加强，尽量减少对老师的依赖心理等，音乐教师采用了知识清单式的学习。知识清单式的学习是教师在"菁菁音乐"课堂实施的过程中，制定相应的音乐课程学习清单，记录本次课程学习的难点及解决方案，以供学生参考学习，并在知识清单下方反馈学生收获和家长建议。

有效的教学方法。围绕"菁菁音乐"课堂上直面的技术问题，教师采用简单、通俗易懂的教学方法，并进行全面、正确的示范讲解，解决技能训练的相关问题，及时总结有效的技能学习方法和口诀，改进课堂教学策略，提高教学效果。在此基础上，教师利用"一带一"的帮扶学习模式，即：掌握好的带领掌握不牢的同学，使"菁菁音乐"课堂成为和谐、有爱的音乐课堂。在完成"菁菁音乐"学习的同时，我们不断扩大学生的音乐视野，丰富学生的精神生活，进一步培养、发展学生的音乐特长，使他们学有所长。

及时的家校反馈。家校之间的及时反馈能够使"菁菁音乐"课堂得到充分的改善和提升，是"菁菁音乐"课堂的必要要素。教师授课后注重反馈，从而更清楚掌握学生的学习动态，随时调整教学模式和教学方法，使教学变得合理化、人性化，同时使学生在音乐技能练习时更具有针对性，在课余时间的练习更加有效。学生在参加汇报时，教师根据实际情况进行评分并记录，教师—学生—班主任—家长进行有效沟通，相互帮助，共同努力，学生音乐表现能力才能得以有效提高，学生的音乐艺术综合能力得到充分的展现。

（二）"菁菁课堂"的实施

教学方法要灵动多样。音乐教师恰当有效地运用多媒体教学，密切关注学生的接受能力，持续观察教学内容是否符合各年龄段学生音乐素养发展的特点。

教学内容要丰富生动。教师创造性地使用教材，促使学生多元化发展。教学中注意培养学生自信的演唱能力及综合性艺术表演能力，更重要的是在课堂上老师结合课堂情境，丰富"菁菁课堂"的音乐内容。

教学思想要有创新性。教师解放陈旧教学思想，跟上时代发展，尊重学生的主体地位，关注学生的需求，用多种演唱形式及各种不同的音色引导学生体会歌曲意境，加强学生的课堂参与度。

教学评价要多样性。教师随时随地给予多样性的评价，语言要诚恳，具有鼓励性，促使学生自我肯定，从而有助于学生音乐素养的提高。这一环节对老师和学生来说非常重要，有利于教师总结和提高自己的教学水平，也有利于学生找到自己的不足和今后在课堂上努力的方向，同时使评价起到激励和促进的作用。

二、建设"菁菁课程"，充实音乐课程内容

"菁菁课程"是以学生的艺术需求及现状为基点、以美育人的教育理念为指向而开发的具有校本特色化的综合课程。根据学生的认知特点和实际学习情况，"菁菁课程"的课程设置源于教材又高于教材，突出"精""菁"的核心内容，激发学生的音乐学习兴趣，在学生学会基本的演唱、演奏方法的基础上，全面提高学生的音乐鉴赏能力、丰富学生直观形象思维、空间想象、逻辑思维，打开音乐想象大门，提高学生欣赏美、鉴赏美和创造美的能力，从而全面完善学生音乐艺术综合素养。

"菁菁课程"在国家音乐课程的推动下形成了听觉学习、视觉学习和感官学习，通过启智音乐、走进音乐家、音乐大师课、快乐猜猜猜、音乐知识大闯关、小小演奏家、明星小舞台、有趣的音符、节奏对对碰等课程，培养学生自信地演唱和演奏的能力、综合表演能力，以及在发展音乐听觉基础上的读谱能力。通过音乐实践，学生能够用音乐的形式表达个人的情感并与他人沟通、融洽感情，提高对音乐的审美能力。

听经典—赏名家—启智慧。小学生还没有形成完整的世界观、人生观和价值观，他们求知欲强、可塑性大，这个时期应有意识地让他们多多接触一些积极向上的古今中外音乐珍品，这对开启他们的智慧，培养他们的高尚情操、优良品格、健康的审美观都具有不可忽视的作用。"菁菁课程"以优美动听的钢琴曲、辉煌的交响乐、幽默的儿童情景音乐，感人的音乐家故事，以及儿童音乐学习励志故事为学习基点来实施课程，在听赏中理解体会音乐符号的概念，逐步提升学生的想象能力，净化学生的心灵，塑造学生优美的气质，发展学生的思维，开启学生的智慧。

唱名曲—练技能—展风采。教师在课程学习中提高学生的演唱、演奏能力，

丰富学生的基本乐理知识,提高学生的音准、节奏的准确性和听觉能力,为学生完整地表现音乐奠定基础,为学生提供在舞台表现所需要的音乐表演技能,让学生享受音乐舞台带来的成就感。

学理论—练身韵—会创新。基于音乐理论的学习要生动、有趣,将理论用于实践,在感官练习、身韵训练中提高学生对音乐的认识,增强学生演唱、演奏、表现的能力,对学习过的音乐知识进行综合、整理、改编、创新,密切联系已有的音乐知识,综合运用多种表现形式,培养学生自身对音乐表演的创造能力,提升学生表演艺术的水平,引导学生形成高贵的艺术气质。

三、倡导"菁菁训练",提升音乐实践能力

"菁菁训练"是提升学生表演能力,提高学生音乐实践能力的训练,有助于促进学生音乐素养全面提高。"菁菁训练"能够改善学生歌曲演唱或演奏时的音准问题,提高表演时节奏的稳定性,促进学生音乐表演的完整性,提高学生学习的自信心,激发学生对音乐学习的兴趣。

"菁菁训练"的实施主要从演唱、演奏、表演三个方面进行开展。在日常的音乐教育教学活动中,我们着重从学生的演唱、演奏入手进行训练。"菁菁训练"的实施途径主要有以下几个内容。

演唱训练。学生的演唱技能在长时间不间断地训练中形成。演唱的训练着重从学生的呼吸、发声、咬字等开始训练,并注重对歌曲作品的情感处理。

演奏训练。学生的演奏技能通过打击乐器、小乐器的演奏进行训练。演奏技能的训练主要包括对乐器的发声训练、指法训练、乐句的训练,以及打击乐器的演奏方法训练。在音乐学习的过程中,节奏是生命的源泉,是音乐的重要构成因素,对音乐的学习具有重要意义。节奏训练作为音乐教学的基础内容,能够促进学生对音乐的有效学习,促使学生音乐素养的提高,因此,在教学的过程中,我们采取有效的教学方式,加强学生节奏的训练。

其一,开展课堂游戏,加强学生节奏训练。在小学音乐教学节奏训练的过程中,需要对学生身心特点进行考虑,采取有效的教学方式,开展相应的节奏训练。教师对教学内容进行相应的了解,并引导学生通过拍手和跺脚等游戏活动,促进学生对节奏的掌握。通过这样的游戏方式开展教学,不仅激发学生的学习兴趣,

而且使学生了解自身学习中的不足并及时改正,提高节奏训练效果,培养学生的音乐乐感,有效提高学生的音乐学习效果,提升学生音乐水平和艺术素养。

其二,创设生活情景,开展节奏训练。在节奏训练的过程中,我们鼓励学生在生活中进行音乐的创造和学习,引导学生以生活中的现象、情景以及声音进行音乐元素的启发,促使节奏和生活进行有效的融合。教师基于生活情景开展相应的教学,使教学更加直观,调动学生的学习积极性,促进学生对节奏进行形象的理解和掌握。教师利用对生活场景的模仿和创设,使学生在轻松愉快的氛围中进行节奏的学习和训练。在音符相关内容的教学中,教师结合生活内容引导学生对节奏、音符进行形象的认识和学习。

其三,利用各种打击乐器,开展节奏训练。在节奏训练的过程中,需要对乐器进行有效的利用,借助乐器开展节奏训练来促使学生节奏训练效果的提高。首先,引导学生对乐器进行了解,对不同乐器的音色和特性进行了解,并且对其使用方式进行掌握。在训练过程中,学生可以根据自己的爱好,进行乐器的选择,老师即兴拍出相应的节奏,促使学生利用手中的乐器进行单音的模仿演奏,调动学生的学习积极性,活跃课堂教学的氛围,促使学生全身心地开展音乐学习,提升节奏训练的效果,提高学生的音乐水平。

表演训练。学生表演是根据"菁菁训练"的内容,把训练的成果,比如,合唱中的成果展、舞蹈的曲目、管乐的比赛曲目通过表演的形式展现出来,达到训练的目的。

四、建设"菁菁社团",享受音乐学习的快乐

"菁菁社团"是以提高学生的自主管理能力,丰富学生业余生活,缓冲学习压力为目的而组建的团体,可以使学生在紧张的学习之余,尽情地享受音乐带来的无限遐想,使学生的思想无拘无束,自由翱翔,是学生精神愉悦的不竭动力,陪伴学生的多彩童年,编织多彩之梦。

"菁菁社团"要求每一个社团排练出来的节目,都要"精""美""智"。学生所展示出来的节目不仅要赏心悦目,而且还要包含智慧,具有正能量。学生通过表演、展示,达到对音乐的认知,培养学生发现美、欣赏美、创造美的能力。

我校成立了"金色童年合唱团""舞动精灵舞蹈队""蒲公英管乐团""丝竹弦

音"等众多优质音乐学习社团,为孩子们提供多样化、个性化的自由展示空间,张扬个性,享受音乐学习带来的快乐。

"金色童年合唱团"为爱好演唱的学生提供一个学习演唱的舞台,通过比赛提高学生的合唱水平,培养团队意识;通过训练提高学生的合唱艺术综合素养,培养学生的发声技巧、声部平衡能力,并促进学生其他学科学习能力的提高。

"精灵舞蹈社团"旨在全面推进素质教育,丰富学生的课余生活,体现"美人之美,和而不同"的育人特色,培养学生的审美情趣。精灵舞蹈社团学员来自我校二、三、四年级具有学习舞蹈潜质的学生,在舞蹈老师的带领下每周坚持两次训练,进行全方位的芭蕾基础训练。

"蒲公英管乐团"一直以培养学生的艺术能力和人文素养的发展为目标,营造良好的艺术教育氛围,给予同学们最优越的教学平台,最多的展现机会,最丰富的音乐感受,在舞台上展现音乐美与合作美。

"丝竹弦音社团"以弦乐和竹管类的乐器为主组成乐队,乐器有琵琶、古筝、二胡、扬琴、竹笛、箫、葫芦丝等。社团的宗旨为通过学习、欣赏、感受、体验民族音乐,使中华民族的精神植根于少年的心灵,在民族艺术的殿堂启发学生的心灵智慧,并促进学生的全面发展。

五、设立"菁菁音乐节",激发音乐学习兴趣

"菁菁音乐节"的设置是为了给经过学习和训练的学生在舞台上进行自我展示的机会,最大程度地挖掘学生的艺术特长。这是对学生学习成果的总结,通过展演,检验表演效果,追求高质量,体现高品位,力求有特色。同时高质量的演出,有利于提高学生自信心,给学生带来成就感,从而再次激发学生学习音乐的兴趣。

围绕音乐课程设立丰富多彩的音乐节日,如"菁菁合唱节""菁菁演奏节""菁菁社团展示节"等,通过丰富多彩的节日活动,拓宽学生音乐的学习途径,创新音乐课程的实施方式,激发学生的音乐学习兴趣,丰富学生的音乐学习经历,同时推进校园文化课程的进一步实施。

菁菁合唱节。在元旦前和"六一"儿童节前展示本学期中训练的音乐作品,为学生提供磨炼的机会,时刻注意学生的声音状态,音色、音准及声部的和谐,学会在不同的场合控制自己歌唱状态,通过师生共同的努力进行阶段性的汇报和演

出，培养学生的舞台感觉，提升学生情感处理的能力。

菁菁演奏节。在器乐的学习之路上是需要有耐心的，为了激励学生更加有动力且自主地学习演奏技巧，特设立"菁菁演奏节"。为了让学生在舞台有精湛的演奏技艺，教师要更加精准地指导，学生要更加努力认真地学习，让每一位参加展示的同学在展演中获得进步，巩固所学技能，展示自己的风采，增强自信心，在音乐的熏陶下成长为菁菁少年。

菁菁社团展示节。"菁菁社团展示节"设立的时间为每学期末，为了给每位学生提供展示和锻炼的机会，特设立"菁菁社团展示节"，由每个社团展示最为娴熟的节目进行展示和汇报。"菁菁社团展示节"不仅给学生一个锻炼的舞台，而且提高学校"菁菁社团"的影响力，使学生感受到音乐无限的魅力，在艺术的熏陶下快乐成长。

音乐是我们生活中重要的组成部分，更是儿童生活、学习和成长中不可缺少的伙伴。通过"菁菁音乐"课程的有效实施，学生的艺术情操、艺术素养和综合能力得到了不同程度的提高。在"菁菁音乐"课程中，学生通过欣赏不同类型的音乐作品，充分体验与理解音乐的感性特征与精神内涵；通过参与演唱、演奏、编创等艺术实践活动，使音乐技能和音乐素养得到不同程度的增强。同时在"菁菁音乐"课程中，教师与学生一起走进音乐的世界，把美传递给每一个学生，学生对美的感受力得到了不同层次的提升，审美能力得到了进一步提高。

（撰稿者：徐建梅　蔺媛　安英英　王瑞香　彭姝雅）

第七章
创想美术:让儿童搭乘艺术创想的列车

　　想象推动着人类发现、发明与创造,每个孩子都拥有一个充满诗意和想象的童话世界,他们在这个世界里天马行空。每个儿童都是天生的艺术家,他们喜欢涂涂画画,一支笔、一粒石子或者一段树枝,在纸上、地上、沙滩上都能绘出自己心中的欢乐与忧伤。我们用心呵护着儿童的想象力,把儿童的异想天开视为珍宝,也许今天的一个幻想,就是明天的创造。

郑州市管城回族区创新街小学美术组共有 12 位美术教师,其中区级优秀教师 3 人,师德先进个人 1 人。近年来,在大家的共同努力下,取得了一些成绩,这些成绩无不体现着创新街小学美术团队锐意进取的拼搏精神、积极实干的创新态度。为进一步推进学校校内美术学科课程改革,学校依据《教育部关于全面深化课程改革落实立德树人根本任务的意见》《义务教育美术课程标准(2022 年版)》,推进学校美术学科课程群建设,取得了较好的效果。

第一节　在想象中奔赴更广阔的世界

　　《义务教育艺术课程标准（2022 年版）》指出："以习近平新时代中国特色社会主义思想为指导，全面贯彻党的教育方针，遵循教育教学规律，落实立德树人根本任务，发展素质教育。以人民为中心，扎根中国大地办教育。坚持德育为先，提升智育水平，加强体育美育，落实劳动教育。反映时代特征，努力构建具有中国特色、世界水准的义务教育课程体系。聚焦中国学生发展核心素养，培养学生适应未来发展的正确价值观、必备品格和关键能力，引导学生明确人生发展方向，成长为德智体美劳全面发展的社会主义建设者和接班人。"[①]由此看出，美术课程对学生的发展具有促进作用。基于对《义务教育课程艺术标准（2022 年版）》的理解，学校美术教师团队经过深入研究，确立了美术学科课程哲学。

一、学科性质和价值观

　　《义务教育课程艺术标准（2022 年版）》指出："艺术是人类精神文明的重要组成部分，是运用特定的媒介、语言、形式和技艺等塑造艺术形象，反映自然、社会及人的创造性活动。艺术教育以形象的力量与美的境界促进人的审美和人文素养的提升。"[②]因此，学习美术能够让孩子体验美术活动的乐趣，获得对美术学习的持久兴趣；了解美术语言的表达方式与方法，从而表达自己的思想和感情。

（一）凸显视觉性

　　美术课被称为视觉艺术课，无论是什么样的美术作品，都必须具有视觉形象。学生在美术学习中通过积累视觉、触觉和其他感官的经验，才能不断发展感知能力、形象思维能力、表达和交流能力。

[①] 中华人民共和国教育部. 义务教育艺术课程标准（2022 年版）[S]. 北京：北京师范大学出版社，2022：1.

[②] 中华人民共和国教育部. 义务教育艺术课程标准（2022 年版）[S]. 北京：北京师范大学出版社，2022：1.

（二） 具有实践性

美术的视觉性是学生在实践中不断提升出来的，美术课就要求学生通过实践描绘制作对象，进行创作。学生在美术学习中发展想象能力创作美术作品，运用传统媒介或新媒体等手段创造作品，都有效地发挥了美术的实践性。

（三） 追求人文性

美术是人类文化的一个重要组成部分，与社会生活的各个方面有着千丝万缕的联系，因此美术学习也是一种文化学习。学生在广泛的文化情境中，认识美术的特征、美术表现的多样性以及美术对社会生活的独特贡献。学生在美术学习中学会欣赏和尊重不同时代的美术作品，关注生活中的美术现象，提升审美情趣。

（四） 强调愉悦性

学生在美术学习中能够自由抒发情感，表达个性和创意，增强自信心，养成健康人格。美术的魅力可以吸引、感染学生，使其自觉自愿、主动积极地进行学习，在个性的空间中获得极大的享受和快乐。由此可见，愉悦性是美术课程教学过程的手段，也是美术教学的目的，更是美术教育的灵魂。

美术课程注重与学生生活经验紧密联系，学生在实践体验中提升观察能力、想象能力和创造能力，提高审美与品位，增强对自然的热爱，加强自身责任感。学生可以在美术学习中，搭乘创想的列车，奔赴更宽广的世界。

二、学科课程理念

《义务教育艺术课程标准（2022 年版）》指出：“坚持以美育人；重视艺术体验；突出课程综合。”[①]为进一步提高学校美术教育教学质量，促进学生全面发展，结合《义务教育艺术课程标准（2022 年版）》我们提出了“创想美术”这一课程理念。

（一） 创想美术，以兴趣为本

“创想美术”重视创新思路和科学逻辑，回归儿童幼稚的本真，带着童真大胆创意，从而激发学生的学习兴趣。教师只有让学生具备学习美术的热情，才能从根本上提升教学效果。在教学中，教师立足于学生的实际情况，使学生爱上绘画，

---

① 中华人民共和国教育部. 义务教育艺术课程标准（2022 年版）[S]. 北京：北京师范大学出版社，2022：
1.

享受艺术创造带来的乐趣。在学习过程中,充分发挥美术教学特有的魅力,使课程内容与不同年龄阶段学生的情感和认知特征相适应。以活泼多样的课程内容和教学方式,激发学生的学习兴趣,并使这种兴趣转化成持久的情感态度。

（二）创想美术，以无限为要

无限即没有边际,让孩子们追求无限想象,现实的、虚拟的皆为孩子的题材。倡导孩子们开发天马行空的想法,大胆地表现出自己的想法。尤其以科学价值观为指导的当今社会,美术已不再是教师画,孩子模仿的教学模式,而是教师作为一个引导者,只给出一个"点",激发出孩子主观能动性,让孩子们来一场头脑风暴,进行无限想象。

（三）创想美术，以实践为主

"创想美术"在基于课堂的美术教学以外,结合教材内容,拓展延伸出来适合自己年级的实践活动。每个实践活动都是美术与生活的延伸点,充分利用各种教学手段,把美术和生活有机结合起来,使美术课堂既丰富多彩,又能提高学生的综合实践能力。

（四）创想美术，以传承为根

美术是人类文化的一个重要组成部分,与社会生活的方方面面有着千丝万缕的联系,因此美术学习视为一种文化学习。通过美术学习,培养学生对祖国优秀美术传统的热爱,传承传统文化,以及对世界多元文化的宽容和尊重。

（五）创想美术，以创新为魂

小学美术课程作为开发学生心智、启迪创新思维的一个重要学科,需要注重培养学生创新思维,提高学生解决问题的能力。现今社会要求个人应具备自我创新意识,因此,美术课程特别重视对学生个性与创新精神的培养,采取多种方法,使学生思维的流畅性、灵活性和独特性得到发展,最大限度地开发学生的创造潜能,并重视实践能力的培养,把创新观念转化为具体成果,创造性地解决问题。

总之,"创想美术"致力于培养学生兴趣,丰富学生视觉、触觉和审美,激发创造精神,发展美术实践能力,形成基本的美术素养,陶冶高尚的审美情操,完善人格,形成基本的美术素养。"创想美术"让每位学生都能够搭乘创想的列车,在创想的世界里展示自我。

第二节　让孩子在色彩中快乐成长

　　《义务教育艺术课程标准(2022年版)》指出:"义务教育艺术课程以立德树人为根本任务,培育和践行社会主义核心价值观,着力加强社会主义先进文化、革命文化、中华优秀传统文化的教育;坚持以美育人、以美化人、以美润心、以美培元,引领学生在健康向上的审美实践中感知、体验与理解艺术,逐步提高感受美、欣赏美、表现美、创造美的能力,抵制低俗、庸俗、媚俗倾向;引导学生树立正确的历史观、民族观、国家观、文化观,增强爱党、爱国、爱社会主义的情感,坚定文化自信,提升人文素养,树立人类命运共同体意识,为实现中华民族伟大复兴而不懈奋斗。"[1]美术课程是对学生进行审美教育、情操教育、心灵教育,培养想象力和创新思维等的重要课程,具有审美性、情感性、实践性、创造性、人文性等特点。鉴于此,我校执行了"创想美术"课程的总目标。

一、学科课程总目标

　　《义务教育艺术课程标准(2022年版)》指出:"实施义务教育阶段的艺术教育以落实核心素养为主线,发挥课程在培育学生审美和人文素养中的重要作用;重视学生在学习过程中的艺术感知及情感体验,激发学生参与艺术活动的兴趣和热情;以各艺术学科为主体,加强与其他艺术的融合与联系,充分发挥协同育人功能,传递人与自然和谐共生理念,促进学生身心健康全面发展。"[2]因此,我们将"创想美术"课程总体目标分为"知识与技能""过程与方法""情感态度和价值观"三个维度。

（一）知识与技能目标

　　学生以个人或集体合作的方式参与各种美术活动,活动过程中能够认识线

---

[1] 中华人民共和国教育部. 义务教育艺术课程标准(2022年版)[S]. 北京:北京师范大学出版社,2022:
1.
[2] 中华人民共和国教育部. 义务教育艺术课程标准(2022年版)[S]. 北京:北京师范大学出版社,2022:
2.

条、形状、色彩、空间、明暗、肌理等基本造型元素,掌握不同画种的绘画技法与技能,了解设计与工艺的基本程序并学会设计创意与工艺制作的基本方法,了解重要的美术家和美术作品,以及美术与生活、历史、文化的关系。

（二）过程与方法目标

运用各种工具、媒材进行创作,通过对各种美术媒材、技巧和制作过程的探索及实验,发展艺术感知能力和造型表现能力。感受材料的特性,根据意图选择媒材,合理使用工具和制作方法,进行初步的设计和制作活动,体验设计、制作的过程。学会从多角度欣赏与认识美术作品,逐步提高视觉感受、理解与评述能力,掌握美术欣赏的基本方法,能够在文化情境中认识美术,表达情感与思想,美化环境与生活。

（三）情感、态度和价值观目标

学习美术欣赏和评述的方法,丰富视觉、触觉和审美经验,体验造型活动的乐趣,敢于创新与表现,产生对美术的持久兴趣。了解美术对文化生活和社会发展的独特性作用。养成勤于观察、敏于发现、严于计划、善于借鉴、精于制作的行为习惯和耐心细致、团结合作的工作态度。了解基本美术语言的表达方式和方法,形成健康的审美情趣,崇尚文明,珍视优秀民族、民间美术与文化遗产,增强民族自豪感,养成尊重世界多元文化的态度,表达自己的情感和思想。

二、学科课程年级目标

依据《义务教育艺术课程标准(2022年版)》、教材、教师用书及校本要求,设置了具体的年级课程目标表。这里,我们以四年级为例来说明(见表7-1)。

表7-1 "创想美术"四年级课程目标表

	第1课	第1课
四年级	1. 激发热爱祖国的思想感情。 2. 围绕绘画或黑板报的主题认真构思设计,并用学到的技法和方法烘托主题,完成活动任务。 3. 从不同角度或局部形象来对主题进行表示。	1. 欣赏并学习与春节相应的门神画、年画、农民画等,了解中国传统节日——春节。 2. 学画一幅门神画或年画。能画出自己熟悉的过年场景或活动,表达人民过年的快乐心情。 3. 激发对民间美术的浓厚兴趣,提高观察力和创作力。

第2课 1. 了解有关钟的历史和文化,尝试运用不同的表现形式设计和制作时钟、手表。 2. 联系生活实际,回忆相同时刻不同的人物或一天中不同的时刻相同的人物所做的事情,并用绘画的形式表现出来。 3. 体会时间的意义,形成珍惜时间的价值观念和情感态度。	**第2课** 1. 掌握变形人物画、局部重复变形黑白画、局部重组鸟之王的表现方法。 2. 养成观察发现的习惯,提升创新思维的品质,提高具有想象且个性化创造的能力。 3. 养成良好的学习习惯和热爱生活的态度。
第3课 1. 了解人物的基本结构以及绘画中人物动态的表现要点,并有意识地运用美术语言记录和表现周末的生活。 2. 养成乐观、积极、健康的生活态度。	**第3课** 1. 观察、分析单枝花卉与盆栽植物的结构、外形,并运用线描的形式表现花卉、植物。 2. 用线、用色的绘画技法,提高观察能力、分析能力及造型表现能力。 3. 增强热爱大自然的生活情趣。感受体验大自然。
第4课 1. 掌握纸团、纸绳粘贴画的方法技能,能制作一幅装饰画。 2. 了解单个物体组拼成图案的形式美法则及浅显的艺术规律。 3. 能运用卷、折、压、扭等基本方法、技能,制作一件纸条工艺品。	**第4课** 1. 了解线描淡彩的绘画特点,初步掌握线描淡彩画的作画方法。 2. 提高构图能力、取景能力;运用线条和色彩进行风景写生的绘画表现能力。 3. 增强热爱校园、热爱生活的情感。
第5课 1. 认真观察、分析草类植物的结构、外形特征,并能进行具体细致的描绘。 2. 体现草叶之间、草与人物或动物之间的遮挡和远近的空间关系。 3. 欣赏画家的作品,学会思考,能大胆想象添画,使画面表现的内容更丰富。 4. 激发观察自然,认识自然,热爱自然的情感。	**第5课** 1. 掌握简单的雕刻、塑造的基本方法。 2. 提高观察能力、想象能力及动手能力,并激发创新意识。 3. 注意安全;引导热爱大自然、关爱生活的情怀。
第6课 1. 能综合运用各种媒材和多种表现手法进行"花"的创作。	**第6课** 1. 认识、分析花卉的特征、了解花艺的常识及习俗,制作自己喜欢的花形。

2. 提升认识、发表、探究、创造和展示"花"的美的能力及综合利用各种材料、方法。 3. 体验"花"的自然美、艺术美,养成观察生活、热爱生活的情感与合作意识,激发大胆表达、展示的勇气。	2. 学会纸花的基本技能和制作方法。 3. 体验纸花制作的过程,感受赠送给亲人自制纸花的愉悦心情。
第7课 1. 了解关于"窗"的常识以及文化内涵。 2. 能选择合适的材料设计制作出造型独特的"窗"。 3. 渗透取景构图知识。 4. 增强热爱生活的情怀和创造美的生活的欲望。	第7课 1. 了解中国民间艺术瑰宝——剪纸。从而了解剪纸的表现形式和特点。 2. 体验运用非对称性的独立纹样对人物的基本形进行剪、刻,锻炼自身动手能力、手脑协调能力。 3. 增强自身对民间艺术的自豪感。
第8课 1. 掌握在玻璃上用水和颜料造型,继而转印白纸的方法,探索玻璃水彩的多种美妙效果。 2. 感受水色的浸润、渗化、流动、变化,增进对色彩美的审美体验。 3. 提升善于发现美、探索美的精神和创造美的能力。	第8课 1. 初步掌握有关静物构图的基本原理和方法。 2. 根据构图的原理对一组静物进行合理摆放,再用流畅的线条将其描绘出来。 3. 提高审美能力,并将之运用到生活中,增加对生活的热爱之情。
第9课 1. 学习画儿童头像的制作方法,了解集体创作巨幅纸版画的方式和构图知识;学到一些制作装饰物、美化环境的知识与方法。 2. 促进手脑并用,提高审美创造力和动手实践的能力。	第9课 1. 进一步学习并掌握中国画的笔墨技巧,在创作中感受笔墨变化带来的特点。 2. 能运用中国画的笔墨技法,表现花卉、蔬果的形象特征。 3. 感受中国画的美,激发对中国传统绘画艺术的喜爱之情。
第10课 1. 认识船的造型特点和结构、功能,了解船的历史与文化。能抓住船的主要外形结构和特点,描画出自己喜欢的船。 2. 养成细心观察、精心制作的习惯,提高不怕困难的探索精神。	第10课 1. 了解中国龙的历史及文化渊源,并分析掌握其造型特点。 2. 赏析、了解邮票的知识、特征和设计方法。 3. 用废旧材料剪贴制作中国龙,从而感受中国龙的文化魅力,激发爱国主义情怀。

第 11 课 1. 观察了解、亲身体验做环卫清洁劳动的情形,用记忆画形式表现劳动的身影和场景。 2. 了解"整体——局部——整体"的写生方法。掌握"写生"的含义,避免简笔人物的模式画法。 3. 能够为画面进行想象添画、完善画面。	第 11 课 1. 运用合适的材料制作人物不同的动态造型。 2. 合理利用废旧材料,了解不同材质表现出来的美。 3. 体验动手、动脑的快乐。
第 12 课 1. 掌握构成的特点及变化规律,尝试运用不同媒材与工具,运用不同的方法体验,创作一个特异型作品。 2. 能根据特异这一主题大胆创作一幅场景画,并能根据自己的意图和想法来设计作品。 3. 设计出具有个性的基本形和构成形式。	第 12 课 1. 通过对自然界的色彩移植运用,增强自身对色彩的感受。 2. 了解认识自然界中色彩的和谐搭配之美,学会灵活运用。 3. 提高对色彩的认识和敏感程度。
第 13 课 1. 掌握剪、刻人物的基本方法和步骤,发展动手能力。 2. 了解剪纸文化,养成热爱生活的情感。 3. 锻炼语言组织和口头表达能力。	第 13 课 1. 通过欣赏中外各种藏书票,了解其特有的艺术魅力及形式。 2. 尝试用漏印的方法设计制作一枚属于自己的藏书票。 3. 感受学会一种新的技法带来的乐趣。
第 14 课 1. 了解生活中有许多美丽并且会飞的"花",激发对生活美的喜爱之情。 2. 了解蝴蝶的特点、色彩,学会蝴蝶的制作方法。 3. 养成自主、合作、探究的能力。	第 14 课 1. 认识了解风筝的历史、造型、色彩以及风筝的制作原理。 2. 简单掌握风筝骨架的扎制方法,会用对称形设计风筝的纹样,尝试放飞风筝的技巧。 3. 通过体验制作风筝,感受其中的乐趣,增强对民间传统艺术的喜爱之情。
第 15 课 1. 通过观察、了解,画出想象中的地方,并进行美化装饰。 2. 形成对自身生存环境的关心与热爱之情。	第 15 课 1. 了解中国传统民族文化,借鉴和运用传统工艺的基本知识和方法,进行有目的的创意设计和制作工艺品。 2. 在积极的情感体验中提高想象力和创造力,提高审美意识和审美能力。 3. 了解不同材质的特征,由此找到加工制作的合适方法,学会利用材料自制工艺品,养成勤于观察、善于发现的好习惯。

课程目标旨在让学生对美术产生持久的兴趣,增强学习美术的信心,敢于创新与表现。学生能够从多角度欣赏与认识美术作品,逐步提高视觉感受、理解与评述能力,掌握美术欣赏的基本方法。在美术学习的过程中,同伴之间团结合作,形成健康的审美情趣,增强民族自豪感,尊重世界多元文化。

为了实现上述课程目标,基于"创想美术"的课程理念,我们按照美术学科课程框架,严格执行课程内容。

一、学科课程结构

《义务教育艺术课程标准(2022版)》把课程分为"造型·表现""设计·应用""欣赏·评述""综合·探索"。依据这四个领域内容,我们把"创想美术"课程分为"创想造型""创想设计""创想欣赏""创想探索"四个部分。它不仅仅是美术基础知识及拓展性课程的讲解,更是一种美术创意思维训练(见图7-1)。

图7-1　"创想美术"课程结构图

上图中,各板块课程内容如下:

（一）创想造型

该模块内容是运用描绘、雕塑、拓印、拼贴等方法进行创作。造型与表现是两个方面的内容，造型是知识技能的学习；表现是传达观念、情感的过程。发展学生的艺术感知能力和造型表现能力，在创作过程中使学生体验造型活动的乐趣，敢于创新与表现，产生对美术学习的持久兴趣。

（二）创想设计

该模块内容是用一定的物质材料和手段，围绕一定的目的和用途进行设计与制作、传递与交流信息，改善环境，使学生在生活中逐步形成设计意识和实践能力。在这一模块课程学习中，既包括现代设计的理念与方法，也包括传统工艺的思想与制作，并逐步形成设计意识和提高动手能力。

（三）创想欣赏

该模块内容是感受自然美，使学生了解美术作品题材、主题、形式、风格与流派，知道著名的美术家和美术作品，初步形成审美判断能力，提高对自然美、美术作品和美术现象的兴趣，形成健康的审美情趣，崇尚文明，珍视优秀的民族、民间美术与文化遗产，增强民族自豪感，养成尊重世界多元文化的态度。

（四）创想探索

该模块内容是通过综合性的美术活动，引导学生主动探索、研究、创造以及综合解决问题的学习领域。开阔学生视野、拓展想象的空间，激发探索未知领域的欲望，体验探究的愉悦与成就感。

二、学科课程设置

管城回族区创新街小学在完成国家课程标准基础课的基础上，"创想美术"以课程目标的达成和素质教育的落实为出发点，基于美术的四大领域开发相应的拓展课程（见表7-2）。

表7-2　"创想美术"拓展课程设置表

年级＼课程		创想造型	创想设计	创想欣赏	创想探索
一年级	上期	看谁涂的好看	好看的花点心	我们的好伙伴	泥巴真听话
	下期	我们身边的线条	多彩拉花	介绍我喜欢的玩具	巧用纸餐具

课程 年级		创想造型	创想设计	创想欣赏	创想探索
二年级	上期	纹样的变化	格子的魅力	听我说	纸盒的创造性
	下期	跳动的点点	创意装饰相框	民间艺术—玩具	会移动的房子
三年级	上期	创意刮画	手工彩泥	印象梵高	描绘四季
	下期	初学水墨	泥塑制作	经典动画人物	旧物改造
四年级	上期	我们的社区	石动物造型	生活与艺术中的花	我们的现 在和将来
	下期	精彩的戏曲	吉祥图案	材质的美	偶戏
五年级	上期	临摹古建筑	认识塔建结构	欣赏青花瓷	设计飞机模型
	下期	大师的画	设计服饰	莫高窟壁画欣赏	制作团扇
六年级	上期	黑白世界	生命之源	重回大秦	自然魔术师
	下期	摄影中的透视	会表达的书	米罗的雕塑世界	遇见未来

三、学科课程内容

根据小学低中高年级的学情,能大胆地表现他们的所见所闻、所感所想的事物,寻求美术技法和表现方法的创新,实施"创想美术"课程具体内容(见表 7-3)。

表 7-3 "创想美术"拓展课程具体内容表

年级	学期	课程 名称	学习目标	学习要点
一年级	第一学期	看谁涂得好看	1. 欣赏大师的绘画作品,引导体会不同笔触、不同画材赋予画面的不同效果。 2. 尝试运用不同方法、不同材料画画,大胆展现自己的个性。 3. 能认识不同的色彩,了解油画棒与水彩笔画出来的效果有何不同。	1. 了解不同画材的用法。 2. 采用的多种方法进行绘画练习。 3. 识别不同色彩。
		好看的花点心	1. 体会和发现生活中的美,通过一系列制作活动加深体验。 2. 初步尝试立体造型带来的乐趣,感受立体造型和色彩搭配的基本方法。 3. 养成细心观察和大胆创造的好习惯。 4. 体验不同色彩搭配以及花纹装饰等技法所带来的视觉享受,开阔视野。	1. 用揉、搓、压、捏等立体造型的基本技法结合色彩搭配等方法设计一款好看的"花点心"。 2. 合理运用色彩以及花纹装饰"花点心"。

年级	学期	课程名称	学习目标	学习要点
		我们的小伙伴	1. 能区分中国传统国画和西方油画以及雕塑、摄影的不同表现形式,学习简单观察艺术品的方法。 2. 简单描述作品表现的内容,通过讨论、交流,能表达自己对作品的感受并说出自己和伙伴(人、动物、物品)的故事。 3. 体会班级同学间友善相处,珍惜伙伴友谊,真心对待别人,爱护身边的小动物、植物,珍视它们的生命和情感。	1. 分工观察画面,找出不同表现方法所呈现出的不同效果。 2. 把握故事趣味性,谈谈自己的感受。
		泥巴真听话	1. 在玩泥巴的游戏活动中体验感受泥性,尝试几种玩泥的基本方法。 2. 了解民间艺术的种类以及泥塑艺术的起源与发展,欣赏泥塑艺术作品。 3. 在制作中,逐步提升动手能力、造型设计能力和艺术想象力。 4. 了解中国传统艺术的分类,共享玩泥巴的快乐。	1. 尝试用多种形式捏泥巴。 2. 抓住事物特点,捏一件自己喜欢的动物或物件,可以是动物、植物、静物。
第二学期		我们身边的线条	1. 从生活中发现线条、认识线条、感受线条,体验和感受生活中处处可寻的美。 2. 提高运用线条进行自主表现的能力,创造性思维能力。	1. 在趣味游戏中找出各式各样的线条。 2. 尝试用不同种类的线条勾勒事物并排列组合装饰画面。
		多彩的拉花	1. 用折、剪、卷、粘等制作纸造型的简单方法,设计制作拉花。 2. 参考示意图进行设计制作,并根据拉花的用途设计制作出一种以上的拉花。 3. 体会合作意识及保护环境、美化环境意识的重要性。	1. 尝试用不同方法来设计制作拉花。 2. 制作不会断掉的精美拉花并体现出拉花的秩序美。 3. 小组成员相互合作,取长补短。
		介绍我喜欢的玩具	1. 能用自己喜欢的方式,表现玩具的形、色、声、质等,感知艺术要素。通过交流玩具的来历,玩的方法,体验集体游戏的快乐。 2. 结合运用艺术要素,体验在艺术创造中的乐趣与成功感。 3. 学会与他人商量、合作。	1. 看一看,说一说,给大家介绍自己的玩具。 2. 做一做,评一评,用自己的评价方法和同学进行交流、分享。

年级	学期	课程名称	学习目标	学习要点
二年级		巧用纸餐具	1. 使用各种废旧材料进行有趣的制作，在制作过程中体会创新与集体合作的重要性。 2. 运用剪、卷、折、画等方法对各种纸餐具进行大胆创意制作。	1. 游戏中找不同，了解纸餐具的主要特点。 2. 尝试用不同的方法制作有趣的动物。
	第一学期	纹样的变化	1. 能画出不同的人物形象，创造出有个性的条纹服装。 2. 感受不同纹样给人带来的视觉影响。 3. 灵活运用色彩填充纹样，从而产生美感。	1. 创意设计，结合主题和服饰选择不同的花纹。 2. 纹样探寻，从经典服饰纹样演变和呈现规律中了解纹样设计的步骤。 3. 利用色彩变化装饰纹样。
		格子的魅力	1. 能画出有规律的格子，并添画颜色。 2. 感受丰富的色彩装饰效果，初步建立设计意识。 3. 享受装饰色彩带来视觉感受，激发美化生活、热爱生活的情感。	1. 观察格子的纹样变化。 2. 分组讨论格子的不同装饰。 3. 完成色彩装饰练习。
		听我说	1. 了解儿童画的特点、形式和方法，激发对美术自主学习的兴趣。 2. 能用简短的语句表达自己的感受和体会，能表现自己生活中的人和事。 3. 养成热爱生活的情感和审美意识。	1. 从形式、内容、色彩，表现方式来探究三幅相同主题的绘画作品。 2. 分组派出代表参加评画比赛，语言最精准的为胜。
		纸盒的创造性	1. 初步了解"物以致用"的设计理念。 2. 在运用设计的基本知识和方法进行变家具的活动中，感受材料的特性，提高动手能力，发展创新意识。 3. 进一步提升审美表现力，在小组学习的氛围中，相互交流、相互学习、资源共享，加强团队合作意识。	1. 探究纸盒制作步骤和方法。 2. 纸盒由平面—立体—平面变化的动画。 3. 尝试给纸盒进行创意制作活动和装饰。
	第二学期	跳动的点点	1. 认识点、线、面，了解大自然中每样事物都是由点、线、面三个元素组成。 2. 尝试用点彩合理的组合画面，绘制一幅完整的画。 3. 体验点彩组合画面的乐趣。	1. 了解并熟悉点、线、面。 2. 欣赏以不同的绘画表现形式来呈现作品，大家谈一谈感受。 3. 运用点彩绘画方式绘制一幅点彩画。

年级	学期	课程名称	学习目标	学习要点
		创意装饰——相框	1. 运用多种材料制作新颖漂亮的小相框,研究"立"起来的方法。 2. 激发想象力,培养大胆创新的能力。 3. 提高审美能力以及动手操作的能力。	1. 从不同材质的相框中找出各自特质。 2. 分小组讨论如何让相框"立"起来。 3. 挑选喜欢的材料运用恰当的方法制作一个精美的相框。
		民间艺术——玩具	1. 能用简单的语言描述民间玩具的造型、色彩、花纹、材料。 2. 在比较中体验民间玩具不同的材料、用途和地方文化艺术特色。 3. 参与民族文化的传承与交流,感受民间玩具浓厚的乡土味和强烈的装饰风格,培养健康向上的审美情趣。	1. 欣赏民间玩具。 2. 了解民间玩具的产地和寓意。 3. 探讨它们的制作过程。 4. 尝试进行制作一件玩具。
		会移动的房子	1. 了解房屋外形基本结构,剪贴制作房屋,并能根据房屋大小、形状、色彩合理地拼接画面。 2. 大胆描绘人物表情,同时抒发个人情感。 3. 树立集体意识,培养团结协作的精神,养成乐观向上的生活态度。	1. 讲述移动房子的故事。 2. 分小组讲述房子的趣味构造故事并开展延伸活动。 3. 进行剪贴制作会移动的房子。
三年级	第一学期	创意刮画	1. 掌握刮画技法,会运用刮画,刮出点、线、面,进而组成完整的画面。 2. 尝试不同种类的刮画工具,体会线条的不同效果。 3. 会用前后遮挡、大小对比的绘画方法创作一幅有趣的画面。	1. 会灵活运用刮画工具。 2. 描绘下雨时的场景,熟悉点、线、面产生的不同效果。 3. 用前后遮挡,大小对比的方法画出盛满水果的篮子。
		手工彩泥	1. 掌握手工彩泥的基本制作方法。 2. 提高制作技能和立体造型能力,发展形象思维和创新意识。 3. 充分体会彩泥制作的乐趣。	1. 掌握彩泥的制作方法。 2. 探讨制作蛋糕的步骤和创作意图。 3. 分步骤制作生日蛋糕并进行装饰。
		印象梵高	1. 欣赏绘画巨匠梵高的作品,感受色彩与线条的魅力。 2. 会从作品的构图、色彩、线条等方面描述作品,并能谈谈自己的认识。	1. 欣赏并分析《向日葵》《星空》等作品。 2. 描述自己对梵高绘画中色彩、构图、线条的感受。

年级	学期	课程名称	学习目标	学习要点
第二学期		描绘四季	1. 会用剪剪、贴贴、画画的制作形式，塑造树木、叶子、果实、动物等事物，感受自然之美。 2. 能够使用多种剪纸事物相结合的方式，在白纸上组合出主题为春、夏、秋、冬画面的作品，并谈谈自己的创作意图。	1. 抓住秋天的特征，合理运用制作方法塑造相应的事物。 2. 以收获的季节为主题创作一幅画。
		初学水墨	1. 掌握国画用笔和用墨的基本方法，学会运用点、线、面及墨的变化组成完整的画面构图。 2. 尝试不同种类的国画工具，体会墨与色的不同效果。 3. 会结合墨与色的虚实变化，大小对比的方法创作一幅有趣的画面。	1. 掌握国画工具的基本使用方法。 2. 注意构图中点、线、面的布局。 3. 以"山中行"为主题创作，感受墨色的虚实变化，构图中的大小对比。
		泥塑制作	1. 掌握泥塑的基本制作方法。 2. 提高泥塑技能和简单的立体造型能力，发展形象思维和创新意识。 3. 充分体会泥塑制作的乐趣。	1. 泥条盘筑、泥板成型、手捏塑形的泥塑技法。 2. 制作玫瑰花，初步掌握立体塑型的技法。 3. 深入探讨泥塑制作的方法。
		经典动画人物欣赏	1. 欣赏中国水墨动画《小蝌蚪找妈妈》《西游记》等作品，感受传统艺术与现代动画结合的魅力。 2. 能够从中国传统动画作品中感受经典动画形象并会描述其特色，能够用自己的语言表达出对传统艺术的认识。	1. 欣赏中国传统艺术的构图、色彩、形式之美。 2. 探究水墨动画的艺术特色。
		旧物改造	1. 运用生活中的闲置物品，通过手工制作、改造，形成新的艺术作品，体会生活中的美。 2. 用语言或文字谈谈自己的创作意图。	1. 运用生活中常见的毛线、布料、小装饰物制作娃娃。 2. 改造白色帆布鞋等生活中闲置物品，学会用艺术来美化生活。
四年级	第一学期	我们的社区	1. 在小组学习探究中，相互交流，养成合作、探究意识。 2. 通过观察、记忆，以速写的形式来呈现，激发热爱家乡、热爱生活的情感，以及对"造型·表现"方面的兴趣。	1. 以速写的形式，记录周边生活或街心公园有趣的人、事、物。 2. 探究人物的动态结构。 3. 注意丰富绘画内容。 4. 灵活运用构图比例与前后的遮挡关系。

年级	学期	课程名称	学习目标	学习要点
		石动物造型	1. 以卵石为载体，运用丰富的色彩进行造型创作。 2. 激发热爱生活的情感，创作的欲望，提高设计、制作活动的兴趣。	1. 抓取各种天然形态卵石进行创意制作。 2. 巧妙地运用色彩搭配。
		生活与艺术中的花	1. 了解生活中一些常见花的造型特点及寓意。 2. 认识中外不同艺术表现方法及不同表现形式表现出的花的特点。 3. 能比较中外作品，评述相同和不同点，从中感悟艺术家在作品中寄托的情感。 4. 能将学到的知识运用到生活中，用花来美化生活。	1. "花"与"花语"的思考。 2. 欣赏中国传统绘画、建筑、工艺品中的花之美。 3. 用花美化生活。
		我们的现在和将来	1. 了解思维与创作的关系。 2. 运用创新思维进行创作，努力做有理想、有抱负的一代新人。	1. "畅想未来"头脑风暴，构思未来世界绘画内容。 2. 绘画表现形式"大探秘"。
	第二学期	精彩的戏曲	1. 了解中国戏曲人物及脸谱艺术的特点、谱式、色彩等方面的基础知识，并加以学习和运用。 2. 激发对戏曲脸谱的兴趣。	1. 认识脸谱的特点、谱式、色彩知识。 2. 赏析典型的中国戏曲人物形象。
		吉祥图案	1. 了解民族传统文化及吉祥图案的设计特点和造型方法。 2. 感受并表现生活的乐趣，养成健康向上的情感与态度，提升形象表现能力。	1. 剪一剪、贴一贴剪纸图样。 2. 掌握剪纸造型的特点，古朴、生动、有趣。
		材质的美	1. 认识多彩世界来自人们的精心设计。 2. 知道各种材质会使世界变得更美丽、更精彩，提高发现美、创造美的能力；感受生活的美好和乐趣。 3. 有意识地去认识各种材质，感受不同材质之美。	1. "变废为宝"手工制作。 2. 找出各个物品造型、色彩、功能上的亮点。
		偶戏	1. 了解偶戏是我国戏剧宝库中的组成部分，搜集民间传统艺术。 2. 认识偶戏是我国民间艺术中的瑰宝及偶戏的种类。 3. 尝试运用各种材料制作偶戏人物。 4. 能组织偶戏人物造型展示。	1. 认识偶戏的种类。 2. 运用各种材料制作偶戏人物。 3. 利用自制偶戏人物进行表演。

年级	学期	课程名称	学习目标	学习要点
五年级	第一学期	临摹古建筑	1. 尝试用"线"绘制古建筑。 2. 感受光影下物体明暗深浅、强弱浓淡的效果。 3. 能够细致刻画出古建筑的外形及明暗关系。	1. 古建筑赏析，学习相关古建筑历史文化知识。 2. 绘画古建筑外形。 3. 细画作品，注意细节，注重明暗表现。
		认识搭建结构	1. 加强动手制作能力和创新意识。 2. 增强热爱生活的情感和创造美好生活的欲望，进一步加强合作意识。	1. 尝试用筷子、小木棍等材料搭建架子和果篮。 2. 对制作的成品总结经验，进行交流评价。
		欣赏青花瓷	1. 了解青花瓷器型与纹样特点。 2. 认识青花瓷是中国瓷器的主流品种之一及青花瓷的发展过程。 3. 尝试塑造青花瓷基础造型并进行装饰。	1. 运用流畅的线条画出青花瓷的基础型。 2. 运用各种线条组合表现青花瓷纹样。
		设计飞机模型	1. 了解各种类型飞行器的基本外形构造和造型特点，掌握飞行器绘画设计与模型制作的方法。 2. 提高发散性思维能力和美术设计制作与应用的能力。	1. 观察不同飞行器的外形和造型特点。 2. 绘画设计飞行器。 3. 利用各种材料制作飞行器模型。
	第二学期	大师的画	1. 了解色彩语言的丰富性。 2. 能准确地识色、调色和涂色。 3. 增强美术活动的兴趣和体验成功的快乐，培养敏锐的观察能力。	1. 认识色谱，学习涂色与调色的方法。 2. 准确地识色、涂色和调色，个体完成涂色练习，与集体组合成画。 3. 小组之间进行评价，互相找出亮点并进行点评。
		设计服装	1. 能运用色彩的对比与所学知识进行服装的色彩搭配。 2. 掌握图案基础知识，为服装设计花边或纹样。	1. 认识色相环，明确邻近色和对比色。 2. 根据不同年龄阶段设计服装。 3. 运用基础纹样和构思巧妙的对称性在服装上进行装饰，并能够合理地运用对比色或邻近色。
		莫高窟壁画欣赏	1. 初步了解和认识敦煌壁画的艺术成就，体会中国文化的博大精深。 2. 领略敦煌壁画的魅力，激发其对中国传统文化的自豪感，培养爱国热情。	1. 欣赏敦煌壁画，对敦煌壁画的历史背景进行初步了解。 2. 感悟敦煌壁画之美，总结美的形式，尝试进行临摹。 3. 能够用美术相关的专业术语来进行评述。

年级	学期	课程名称	学习目标	学习要点
六年级	第一学期	制作团扇	1. 初步了解古团扇的制作工艺及特点。 2. 欣赏团扇的扇面画,运用水墨或线描的形式画扇面,制作团扇,运用纹样装饰扇面。	1. 欣赏古团扇,了解并感知团扇的制作流程。 2. 制作团扇,注意水墨的比例及边缘处的处理。 3. 装饰扇面,注意细节的把握。
		黑白世界	1. 能感受到光线照射下物体呈现的微妙的明暗变化,在优秀的绘画作品中体验到丰富的明暗变化所具有的艺术魅力。 2. 了解光影产生的基本原理及物体光色变化的客观规律。 3. 能够灵活运用铅笔皴线产生的深浅色调作画。 4. 能够运用明暗画法来表现物体的体积感和空间感。	1. 受光物体的明暗描绘六步法。 2. 练习排线,由深到浅,由浅到深。 3. 学画"明暗六调"即亮面、灰面、明暗交界线、暗面、反光、投影。
		生命之源	1. 能使用水彩画的工具,利用一些特殊材料产生有趣的画面效果,描绘雨、雪情景。 2. 了解招贴画的设计基本特点并能够灵活运用设计一幅保护水资源的招贴画。 3. 珍惜生命之水,养成节约用水的好习惯,争做环保小卫士。	1. 欣赏招贴画优秀案例,分析制作步骤。 2. 学写POP字体。 3. 设计"环保小卫士"招贴画。
		重回大秦	1. 了解秦兵马俑的历史文化价值,能够说出兵马俑主要艺术特色。 2. 表达自己对兵马俑的了解和感受。 3. 能分析兵俑的外形结构特点,描绘兵马俑的线描图。 4. 模拟摆放布阵,增强民族自豪感。 5. 了解古墓的发掘过程,增强文物的保护意识。	1. 了解兵马俑的造型艺术特点,注意点线面相结合。 2. 尝试描绘时注意点线面相结合。 3. 制作秦布阵微缩图。
		自然魔术师	1. 走进大自然,开阔视野,了解一些民间艺术文化,保留纯真的学习情怀和勇于创作的热情。 2. 能够巧妙选择,利用大自然中所特有的或是废弃再利用制作一件有装饰效果的作品。	1. 根据特征,通过组合、拼接形成新物体。 2. 运用眼、手、心的配合,把废物变新物。

年级	学期	课程名称	学习目标	学习要点
	第二学期	摄影中的透视关系	1. 分析简单的透视现象,在室外风景作品中能够通过一次构图,表现空间的纵深感。 2. 了解与透视相关的基本概念,在室内外景物摄影作品中,运用拍摄角度的不同表现物体的立体感。 3. 掌握推理性的观察方法,能真实地表现自己的所见。	1. 从不同角度的风景照片认识基本的透视现象。 2. 拍摄美丽校园。从平视、仰视、俯视三种不同角度,呈现不同景象。
		会表达的书	1. 掌握包装设计的一般步骤和规律,为喜欢的儿童读物设计封面。 2. 体验包装设计的应用性、商业性和艺术性,感受艺术和生活的紧密联系。	1. 了解绘画元素。 2. 认识封面、扉页、环衬、封底的作用,建立整体的结构认知。 3. 按照书的结构,将图案和文字信息进行合理的排版。
		米罗的雕塑世界	1. 欣赏艺术大师米罗的艺术作品,从中体会其艺术魅力。 2. 能够在欣赏的同时,认识浮雕和雕塑的特点,体会运用绘画与雕塑创作出的作品种类众多。	1. 区分浮雕与雕塑。 2. 感受米罗大师的绘画与雕塑艺术作品带给我们的艺术魅力。
		遇见未来	1. 激发兴趣,认识软件,尝试制作自己的签名。 2. 能有意识地运用美术设计与组合应用的形式原理,在作品中展现创意。 3. 掌握基本的软件设计的操作,制作属于未来自己的规划图。	1. 运用汉字的变形、变笔画、装饰等方法设计自己的名字。 2. 发挥自己的想象力,运用软件设计属于未来自己的规划图。

依据学生年龄特征,设置了根据年级的课程目标,针对学生对知识结构多样化的需求,和学习者的个体差异,着力强化美术基础知识,加强能力训练,挖掘学生的潜在能力。

第四节　想象与指尖愉快汇合

　　"创想美术"课程群依据美术课程标准、课程性质、课程理念和课程设计思路，结合学校现状、师生特点，从"创想课堂""创想课程""创想美术节""创想社团""创想之旅""创想工作坊"等六个途径实施，落实创想美术课程评价，激发想象力与创造力，使儿童能够发现美、感受美、创造美，提升其艺术素养。

一、构建"创想课堂"，彰显课堂魅力

　　"创想课堂"是以"创绘美好事物"为指导思想，根据美术教育规律和不同年龄层次学生的生理、心理发展特点创设的课堂，目的是让学生在绘画制作中充分体验、感受和表现，提升其审美能力、美术表现力和创造力，在美术课堂中营造轻松氛围，使学生在和谐愉悦的氛围中表达自我、收获快乐，感受艺术的魅力。

　　"创想课堂"以小组合作的方式开展，发挥每一个成员的优势，全力配合，相互帮助，通过精心的策划和设计，使学生获得创想课堂基础知识、基本绘画技能，促使组员主动完成富有创新意识的绘画或制作。"创想课堂"以观察为载体，以生活中常见事物为桥梁，激发学生的求知欲望，使学生养成善于观察、勤于动手的好习惯，建立创造性思维模式。

　　有效的兴趣起点。兴趣是做好每项活动的动力，也是一切学习正常开展的前提。创想课堂根据小学学生年龄阶段的身心发展特点，实施不同的方式方法。对于观察能力薄弱，但对待每一样事物都存有好奇心、有强烈求知欲的中低年级学生，运用讲故事、做游戏、欣赏经典影像等创设情境激发其对创新美术的兴趣；对于高年级学生，则更侧重自主学习、小组合作的问题情境，用美术学科特有的魅力来感染大家。

　　科学的学习目标。学习目标是学习的核心与方向标，设立科学的课堂学习目标能激发自身创意，有效地了解美术语言及其表现方法，并能表达自身的情感与思想，提高审美能力，了解美术在文化生活和社会发展中的独特作用。

多元的学习内容。根据美术学科本身的特点,实施多样化的教学情境和探究学习方法,利用丰富的信息资源,尝试用不同材料,让大家观察、体验、构思、描绘、塑造、设计和制作多样的美术活动,使不同学习能力的学生都能在无限创想美术课堂上学有所获。

有趣的活动环节。小学正是养成良好习惯的阶段,更是为人生筑牢根基的阶段,创想绘画的过程,就是充分释放儿童天性,调动儿童绘画积极性与主动性的过程,让学生享受绘画,促进学生美术素养的全面提升。在"创想美术课堂"中,学生理解艺术与社会的相互关系和艺术的本质,形成科学的态度和正确的价值观,教师强调"大美育",注重美术与多学科的融合。

适宜的学习方法。众所周知,好的学习方法会让我们的学习事半功倍。首先,在开展创想课堂前就要做到自主预习、自主探究,把合适的方法设想出来,为上好课做好铺垫。其次,在课上调动学生主动性,使其发挥自身主人翁的作用,和小组积极配合、积极探索。课下及时查漏补缺,鼓励学生通过各种渠道来拓宽自己的认知结构,并有效地结合课上的内容。

愉快的成果交流。丰富的活动环节还需要作品来体现,这是学习中最重要的部分。如何能够体现出学习目标的达成,就要看最后的作品以及学生对作品的自我评价。在交流中相互学习、各抒己见,不仅能使我们获取知识,而且也能有效地促进大家的共同进步,使其看到自身不足的同时取长补短。

二、开发"创想课程",丰富课程内容

"创想课程"的核心是创造性思维,在培养观察力的同时,开拓和培养创造性思维。实施中,孩子用眼睛看世界,用心去观察,用手来描绘,捕捉和发现生活中的美,把想象力融入作品,从而开阔视野,丰富我们的学科内容。

缤纷走班,精彩无限。"创想课程"通过每周五下午的"缤纷走班"课实施,以年级为单位开设多学科融合课程,如水粉、创意泥塑、艺术字设计、儿童装饰画、手工制作、美术鉴赏等。学生自主选择自己感兴趣的课程,这也为"创想课程"创设了一个宽阔的舞台,学生有更多的时间参与到自己喜欢的课程中。

美术课堂,拓宽视野。学生不再拘泥于课本,运用多种材料,多种绘画手法,尝试综合材料的运用,充分地发挥主动性,开阔视野、敢于创新,创作出不同视觉

效果的作品。

校内写生,校外实践。通过校内写生、校外实践活动来汲取资源,让学生的创作空间不拘泥于狭小的美术课堂中,真正走出教室,亲近大自然,让孩子的思维充分地活跃起来,把孩子的想象力充分地激发出来,真正地把学习的主动权交给孩子。

三、激活"创想美术节",搭建浓郁的美术氛围

"创想美术节"是学校结合创想美术系列课程,把美术与生活联系起来,为学生搭建展示的舞台。创想特色活动不仅丰富了学生的校园生活,提高了学生的美术素养,营造出了积极向上的美术文化氛围,而且培养了学生健康乐观的心态和持之以恒的学习精神,使他们充满自信地参与美术学习,最大限度地表达美术情感。

通过组织开展一系列特色活动,为学生的日常学习带来欢乐,激发其对美术学习的兴趣,把美术与日常生活联系起来。

舞台走秀。利用所学的综合材料应用、变废为宝等相关知识制作不一样的服装、帽子、面具等进行校园舞台秀,学生在活动中进行展演。

黑板报展示。学校每月举办一次黑板报展示活动,学生利用所学美术知识为自己所在的班级制作黑板报,增强其班级荣誉感。

画廊展示。学期末,遴选出优秀作品,采用卡纸等多种材料进行手工装裱,利用画架和走廊墙壁在校园里设计出一条"创想画廊",让全校师生都可以感受艺术之美。

创想义卖。学生用自己创作的作品进行展示交流,开展义卖,收获创作的喜悦,传播善良的情感,从而体会到艺术带来的价值与乐趣。

现场绘画制作。利用所学知识,师生一同组织现场绘画制作,根据学生不同的特长,分类展示不同形式的绘画作品。在现场绘画过程中,邀请参观学生一起尝试绘画,体验美术的乐趣。

四、成立"创想社团",激发学习兴趣

"创想社团"是学校围绕"创想"这一主题成立的一系列美术特色社团,给学生

搭建一个展示自己的平台,有利于学生充分发表感受与认识,提高他们的审美品位与判断能力,保持对美术创作的热忱,让学生在生活中与美同行。

围绕"创想"这一主题,我校成立了一系列特色社团。社团课程内容的创建直指美术学科核心素养,根据学情、师情、校情创造性地研发出多个拓展性社团课程,使学生在教材之外还能得到全面的拓展。

创意线描社团。在低年级开展创意线描,培养了学生的观察能力,夯实了学生写生基本功,提高了学生的观察、创造及表现能力,磨炼了学生的耐心和意志。该社团主要以装饰线描画为主,重在装饰。运用点、线、面等造型元素对自然物象进行美化、概括、提炼、加工,强调表现对象的形式美感。"线"具有丰富的表现力,它可以勾画出学生所看到的物象轮廓、结构分界以及物体的深浅变化。这对培养小学生良好的审美观也起到积极的作用。

创意手工社团。通过手工结合绘画来提升学生的美术素养,在实践中体会美术对于生活的装饰应用。学生通过制作树叶剪贴画、彩泥画和装饰画,对色彩、构图有了进一步的认知。

素描社团。从中年级学段开始,引导学生逐步掌握美术的专业性基础知识,从单纯的技能、技巧学习层面提高到美术文化学习的层面,为今后专攻美术专业的学习打下基础。

速写社团。在短时间内迅速描绘绘画的一种方式,能提高学生的观察能力,并且由于其可以随时描绘周围生活中的任何物象,特别是描写运动中的对象和转眼即逝的动态,能培养学生善于捕捉生活中美好瞬间的能力。

摄影社团。在中高年级中选出有一定美术基础的学生,进一步培养他们发现美的能力,从取景、构图、抓拍瞬间、搭配色彩等方面进行锻炼,为创造性的美术学习奠定坚实的基础,有效提高学生的审美能力和实践能力。

版画社团。引导学生认识和了解河南朱仙镇木版年画作品的基础上,指导学生用吹塑纸板印制版画,通过印制年画更为深刻地感知其中的绚丽色彩之美、古朴生动的造型艺术,以及木版年画背后有趣的故事。在学习传统年画艺术的同时不忘创新发展版画艺术,学生吸取年画的色彩和造型元素知识,运用剪贴、实物、综合印制方式进行版画创作。

合理规划安排,享受艺术时光。学校各年级教师根据自己的课表,安排在每周二、四下午两节课后开展为时一个小时的社团课程,一周两次,时间集中能够大大提高学生的学习效率,使学生充分享受美术学习的快乐时光。

五、开启"创想之旅",提供发展舞台

学校结合校内外现有的环境与材料,结合学生身心发展特点,开展一系列研学课程。例如,在校内进行写生,结合相关的课程安排,实地取材,就近原则,开展生动有趣的实践课程;在校外结合当地特色,取材选自当地最具有参考价值的商城遗址,有效地同美术课程联系到一起。"创想之旅"是把生活中所看所想作为艺术素材的提供者和原型,进行创造的过程。这个创造过程使得艺术源于生活,又高于生活,没有生活原型或者现象,就没有艺术创作的源头和灵感。学生通过参与"创想之旅"把生活素材浓缩与提炼,用自己的美术语言表达自身的情感与价值观,通过实践让美术之旅扬帆起航。

"创想之旅"带领学生打破常规的上课方式,走出教室,走进生活,发现更多美的事物,在实践中深刻体验美术为生活带来的乐趣。

观察生活点滴,启智美术灵感。艺术活动无法脱离生活而独立存在,现今越来越多的美术活动开始与民众生活息息相关,美术与大众的关系变得更加紧密。学生用审美的眼光观察周围的点点滴滴,留心发现生活之美,对生活的热爱能够激发学生的美术创造热情。每一个可能转瞬即逝的灵感在此被学生记录下来,成为他们未来美术之旅上的一块有力的基石。

拓展实践空间,提升创作能力。"创想美术"特色课程不断拓展"实践空间",让孩子们走出去,在实践中提升美术素养。每学期我校教师都会带着孩子们走出教室,在我们美丽的校园取景写生,让学生贴近自然,培养学生的观察力。同时,学生参与美术环境创设,自己动手设计,美化我们明亮的教室,点缀我们优美的校园。"变废为宝""我让家中变美丽"等小活动,让学生将美术与日常生活相关联,学以致用,深刻体验美术为生活带来的乐趣。

呈现艺术成果,迈向广阔天地。倡导学生积极参与各级各类美术比赛,为孩子们创造更多的发展舞台。如每年的"艺术节"现场绘画比赛、郑州市"美育"比赛、"科幻画"比赛、"环保日"绘画比赛等,其中包括书法、国画、水粉、水彩画、版画、篆刻等种类,类型丰富,形式多样,孩子们都有大展拳脚的机会,在比赛中能够

充分展示孩子们的想象力与创造力,更为孩子们提供了展示才能的舞台。

六、利用"创想工作坊",促进学习方式的多元化

"创想工作坊"在有经验的教师指导下进行,学校提供相关美术工具、材料和美术专用设备,学生在工作坊内,了解工具的使用方法,通过丰富的想象力创造出一件件艺术作品,有效地提升了学生的动手实践能力和自主创新能力。

"创想工作坊"将美术主题设计与美术学科知识和实践紧密结合,倡导学生像社会学家一样思考并分析问题,引导学生用数据模型解释事件的运作规律。我校建设有:创意手工制作工作坊、扎染工作坊、影像工作坊、泥塑工作坊。各个工作坊由学校统一制定相关制度,保证工作坊有序进行。严格选择"坊主",保证工坊活动有效开展。每个工坊设定人数,保证活动的高效。

创意手工工作坊。以各种材质的包、鞋子、帽子、发卡等为基础,配以综合材料,通过学生的自主探究,将多种材料进行创意加工成为实用性成品。

扎染工作坊。选取"扎染"这一手工艺进行传承的研究,旨在根据扎染工艺的特点,创设人文教育的情境,着眼于人文精神的培养。通过在课程教学中,学习基础知识与基本技能的同时,进行良好品质的培养及人文精神的渗透,有效传承中华民族的传统文化与精神。

影像工作坊。在实际的实践过程中,学生在习得摄影知识的基础上,借助于多样化的手段,掌握摄影相关的技能。摄影工作坊是"开放的",要求学生能够不拘泥于传统知识,跟随时代潮流,学习前沿知识。

泥塑工作坊。泥塑即用黏土塑制成各种形象的一种民间手工艺。它以泥土为原料,以手工捏制成形,或素或彩,以人物、动物为主。学生在实践中拓展视野感受中国民间传统艺术的魅力。

"创想美术"课程实施后,教师提高了教学热情,喜教乐教,成为学生学习生活的参与者、引导者、促进者;教师由"单一信息源"转变为"综合信息平台",提升了课程整合能力;教师树立了新的课程观,成为课程结构的构建者、组织者、开发者和创造者,大幅提升了课程研发能力。学生在积极的情感体验中产生了对美术的持久兴趣;学生学会从多角度欣赏与认识美术作品,审美意识、审美能力和评述能力得到大幅度提升;学生能够在文化情境中,主动表达自己的情感与

思想,增强了对大自然和人类社会的热爱及责任感,拥有了创造美好生活的愿望。

（撰稿人:徐建梅　黄静　朱静蕊　孟雪琳　荆吴峥　荆赫　王爽）

后记

经过大家的共同努力，《让每一个孩子体验创新的激情："智慧树课程"的探索与实践》一书终于完成了。回首走过的路，为此书汇聚了太多人的心血而感慨万千。

"不积跬步，无以至千里；不积小流，无以成江海。"学校原来的课程是碎片化的，经过上海市教育科学研究院杨四耕教授的悉心指导，学校形成自己独特的课程逻辑，有了系统的课程实施路径，建设了七个学科课程群，为学校课程的变革指明了方向。

通过课程实施，教师对课程理念有了更深入的认识，开发课程的积极性有了很大的提高，课程开发的能力有了质的飞跃。我们希望在课程改革的大潮中，能够把教师从教育实践者转变为课程研究者。同时，我们欣喜地看到，丰富多样的课程点燃了学生的创新意识，挖掘了学生的创新潜能，发展了学生的创新能力。我们也在努力践行学生在教师的发展中成长，教师在学生的成长中发展。

在课程实施过程中，还有一些不尽如人意的地方，我们会且行且思，不断完善，努力向前奔跑。

此书编写可能会有不当之处，敬请批评指正！

郑州市管城回族区创新街小学校长

徐建梅

2022 年 6 月

"品质课程"阅读书目

学校整体课程规划

学校整体课程规划的七个关键

教学诠释学

特色学校聚焦丛书

让个性自然发荣滋长:"引发教育"的理论寻源与实践探索

面向每一个生命的教育

让每一个生命澄澈明亮:"小水滴"课程的旨趣与创意

新劳动教育:时代意蕴与实践创新

自信教育与个性生长

跨学科课程丛书

像博士一样探究:PHD 课程的创意与探索

核心素养导向的课堂教学丛书

深度教学的内在维度:数学反思性学习的六个策略

具身学习的 18 种实践范式

课堂是照亮彼此的地方

以学习为中心的课堂范型

简练语文:教学主张与实践智慧

课堂核心素养

特色课程建设丛书

幼儿园特色课程的框架与实施

课程是鲜活的:"大视野课程"的旨趣与活性

指向核心素养培育的学校课程图谱

让儿童生活在美的世界里:幼儿园全景美育的课程探索

核心素养与学习需求:学校课程建设导引

📖 课堂教学新样态丛书

课堂，与美最近的距离：基于学科核心素养的课堂教学变革

协同教学：意蕴与智慧

决胜课堂 28 招

一百个孩子，一百个世界：基于差异的教学变革

课堂如诗："雅美课堂"的姿态

在教室里眺望世界：基于 BYOD 的教学方式变革

课堂教学的资源设计与方式变革

📖 学校课程变革新取向丛书

平衡性变革：学校课程建设新取向

解构性变革：学校课程发展的突破口

赋权性变革：提升学科领导力

整合性变革：特色学科的内在生长

内生性变革：学科课程的生成机理

审美性变革：学校课程的诗意境界

📖 课程育人新坐标丛书

学校课程的统整之道

教室里的课程

儿童立场的课程探索

童味园课程：这里有最难忘的童年

具身课程：语文学科课程新样态

让每一个孩子体验创新的激情："智慧树课程"的探索与实践

📖 学校整体课程探索丛书

学校整体课程的文化逻辑

学校整体课程的深度实施

📖 课程治理新范式丛书

以学生为中心的教育治理